一歩
進める　英語学習・研究ブックス

問題を解きながら学ぶ

基本英単語
の語法

友繁義典

開拓社

はしがき

　大学生や大学を卒業した社会人であれば，難しい受験英語を突破しているので，かなり難しい単語や言い回しが習得できているはずです。それにもかかわらず，彼らから聞こえてくるのは，なかなか自分の思っていることを英語でうまく表現できないという言葉です。また，学校英語では，最近では日常レベルの表現も以前に比べてかなり導入されてきてはいますが，まだ十分であるとは言えないように思われます。どの言語に関しても言えることですが，同じ内容を言い表す場合でも，フォーマルな場面とインフォーマルな場面とでは表現方法が違うので，現実には，同じ内容をいずれの場面ででも表現することができなくてはならないわけです。しかしながら，学校における英語学習に関しては，限られた時間内で，フォーマル，インフォーマルの両方の表現をすべてカバーするには限界があることも理解できます。

　本書では，学校であまり触れられることのない日常レベルで頻繁に用いられているカジュアルな英語表現を中心に見ていきます。動詞で言うと，give, get, have, look, make, have, keep, take などは，基本単語と呼ばれていますが，まさにこれらの基本単語こそが英語の「大和言葉」に相当します。日常レベルのインフォーマルな場面では，われわれ日本人が大和言葉を頻繁に使っているように，英語を母国語にしている人達は，英語の大和言葉に当たる言葉を頻繁に使っています。したがって，英語を学ぶわれわれにとって，このような英語の大和言葉に相当する表現に関する知識も不可欠です。大学受験のために学んだ様々な表現も大変重要であるのは，場合によって，フォーマルで内容のある表現を使わなければならないことがあるからにほかなりませんが，その一方で，カジュアルあるいはインフォーマルな表現が日常的に用いられている現状を踏まえ，そのような表現を数多く学ぶことも非常に大切であるのは間違いないでしょう。本書では，基本単語でいろいろな表現が可能であることを確認しながら，それらの表現を運用できることを目指します。本書が，読者諸氏が実用的な英語表現を習得し，実際のコミュニケーションの場面で活用できる一助になれば望外の幸せです。

著　者

目　次

序　章

基本英単語の活用

　まず，この章では，基本英単語を用いてどのようなことが言えるか，見ていきましょう。英語学習の初期の段階で学ぶ単語として，次のようなものをあげることができるでしょう。

arrive, be, do, eat, can, how, it, this, that, what, who, where, when, which, whose, give, like, know, play, make, run, come, go, see, have, take, want, walk, need, there, baseball, picture, leave, hear, listen, look, close, page, say, sit down, quiet, bus, hamburger, song, pen, animal, computer, apple, cat, cup, good, man, woman, palm, ball, father, mother, teacher, school, flute, girl, people, bird, cake, banana, summer, comic, long, rain, room, lesson, use, milk, window, swim, head, hat, piano, pencil, book, bag, key, kitchen, guitar, game, tennis, dish, usually, boat, dog, desk, family, friend, violin, soccer, speak, study, music, beach, watch, juice, earth, brother, sister, bike, rice, name, table, coin, house, town, nose, snow, a, an, the, science, year, now, yesterday, sure, tour, chair, time, in, very, much, many, some, any, after, before, for, at, on, by, near, to, from, to, under, with, about, big, blue, clear, red, same, small, new, old, tall, easy, beautiful, interesting, happy, rich, popular, kind, fast, and, but, or, so, thing, something, someone, everything

　このような英語学習のほんの初期段階で学ぶ簡単な単語だけでも，それらをうまく組み合わせると様々な表現が可能です。
　基本単語を用いてどのようなことを表現できるか少し見てみましょう。

(a)　**There is something to what you say.**
(b)　**The company is going to the dogs.**
(c)　**He has what it takes to be a leader.**
(d)　**I made it perfectly clear to him that I wouldn't marry him.**

(e)　**I let him have it.**

　いずれの文にも難しい単語は1つも使われていません。では，上の各文は，どのような意味を表しているのか確認していきましょう。まず，(a) は，「あなたの言うことにも一理ある」を意味します。(b) は，「その会社はだめになってきている」ことを言い表しています。**go to the dogs** は，「だめになる」「破滅する」「落ち目になる」などを意味します。(c) の **what it takes to be ～** は，「～になるために必要なもの」が直訳で，意訳すれば「～になるだけの器」ということになります。したがって，(c) は，「彼には指導者になる資質がある」を意味します。(d) における make it perfectly clear to him の部分は，that 以下の内容を「彼に完全にはっきりとさせる」を意味します。よって，全体で「彼とは結婚するつもりはないと彼にクギをさしておいたわ」と意訳することができるでしょう。最後の (e) の let ～ have it は，「～をどなり［しかり］つける」あるいは，「～を痛い目にあわせる」の意味で用いられています。(e) の訳は，「彼をどなりつけてやった」あるいは「彼をやっつけてやった」となります。

　さらに，基本単語を使ってどのようなことが表現できるか見ていきましょう。

(f)　**She gets her cheerfulness from her mother.**
(g)　**I asked her out, but she wouldn't give me the time of day.**
(h)　**I know where she's coming from.**
(i)　**Look who's talking!**
(j)　**Don't let it get to you.**

　(f) は，「彼女の明るさは母親ゆずりだ」ということを述べている文で，inherit のような動詞を使わずとも get ... from ～ でこのような意味を表せます。(g) は，「彼女をデートに誘ったんだけど，彼女はとりつく島もなかったよ」ということを言い表しています。**wouldn't (even) give ～ the time of day** というフレーズは，文字通りには「今何時であるのか（さえ）～に教えてくれなかった」となりますが，この表現から時間さえ教えてもらえなかった事態イコール愛想なく突き放された事態という図式が自然に伝わってくるように思われます。(h) は，「私は彼女が何を考えているのか分かっています」を意味します。この **where she is coming from** のフレーズは『彼女がどこから来ているの

3

か」ということではなく，少し説明的になりますが，「彼女の置かれている状況や立場がどこにあるのか」といった内容を表しています。where she's coming from の代わりに where she comes from を用いて I know where she comes from. と言えば，「私は彼女がどこの出身であるか知っている」ということになります。この **where one is coming from** というフレーズにも全く難しい単語は含まれていませんが，「～の考えていること」「～の言わんとしていること」という意味を表せます。つまり，「彼女がなぜそう言っているのか分かっている」「彼女が何を考えているのか分かっている」の意味を表すことになります。

　(i) に関しても，基本単語のみが使われており，直訳は「誰が話しているか見てごらん」ですが，これは，「よくも人のことが言えたものだ」という感じで使われる口語表現です。例えば，A: He drinks too much.（彼は飲み過ぎるよね）B: Look who's talking! It's you who drink like a fish.（よくも人のことが言えたもんだね。大酒飲みは君のほうじゃないか）というような感じで **Look who's talking!** が使われます。(j) に関しても，基本単語ばかりが並んでいます。個々の単語は難しくないのですが，この文は，「そのことは気にしないで」「まぁ，くよくよしないで」を意味します。この文は，いわば決まり文句的な表現とすることができるでしょう。

　以上のように，基本単語をうまく組み合わせることによって，いろいろな表現が可能です。この時点で，基本単語をうまく使用することで表現の幅を広げられることが確認できたと思いますが，さらに以下の例文を観察することによって，この事実を再確認することにしましょう。

- (k)　**I'm not going to let it pass.**
- (l)　**He's just saying that.**
- (m)　**He talks the talk, but he has to walk the walk.**
- (n)　**We might be next.**
- (o)　**She talked him into changing the plan.**

　(k) についてですが，直訳は「私はそれを通過させるつもりはない」ほどになると思われます。この文における it は，話し手が耳にしたことを指しています。もう少し工夫して訳せば，(k) は，「それは聞き捨てならない」となるでしょう。(l) は，そのまま訳すと「彼はただそれを言っているだけだ」です

が，これは，「彼は口先だけでそう言っているのさ」という感じで使うことができます。(m) についても，talk と walk という基本動詞のみが使われているのですが，**talk the talk** は，「人々が期待することを言う」「人々を喜ばせることを口にする」「口だけ達者である」を意味する成句です。また，**walk the walk** は，「人々が期待することを実行する」「約束通りにする」「口先だけでなく実行してみせる」を意味する成句です。したがって，(m) は，「彼は口先ではいいことを言っているけど，それを実行してもらわねばね」と述べていることになります。

　(n) を直訳すると「私たちが次かもしれない」となりますが，この文は，「明日はわが身だ」「人ごとではない」という感じで使われます。さて，(o) に関してですが，(o) は，「彼女は彼を説得してその計画を変更させた」を意味します。persuade や convince が「～を説得する」の意味で用いられることもあるわけですが，**talk ～ into -ing** の形は，「～を説得して ... させる」を意味する頻度の高い口語表現であることもここで確認しておきましょう。ちなみに，talk ～ out of -ing 形は，「～を説得して ... させない」の意味で用いられることを付言しておきます。

　これまで，15 の例文を観察してきましたが，基本英単語をうまく利用することで様々なことが表現できることが確認できたと思います。

　以下では，かっこの中にどのような単語が入るのか問題形式で見ていくことにしましょう。各問いの冒頭の日本語を英語に直すとどのように表現できるか空所に適語を入れていくことにしましょう。

問1

まさか君は本気で仕事を辞めることを考えているわけじゃないよね。

Don't (　　) me you're seriously considering quitting your job.

　　(a) inform　(b) say to　(c) tell　(d) speak to

Don't tell me you're seriously considering quitting your job.　解答：(c)

　ここでの「まさか」は，**Don't tell me** が対応します。もちろん，「まさか」と言っても，Don't tell me 以外の表現も可能です。例えば，You must be kidding! や You've got to be joking! なども「まさか」の意味で用いることができます。

問2

何をくよくよしているの？

What's (　　) you?

　　(a) eating　(b) drinking　(c) having　(d) swallowing

What's eating you?　解答：(a)

　eat は，馴染みのある基本動詞ですが，**be eating** は，「～をいらいらさせている」「～の機嫌を悪くしている」「～を悩ませている」「～を心配させている」を意味する口語表現です。場面によって日本語訳に工夫をしなければなりません。What's eating you? は，「何を悩んでいるの？」「何をくよくよしているの？」あるいは「何で機嫌が悪いの？」などの訳も可能です。もう1つ例文をあげておきます。A: I want to know what's eating Meg. （何でメグは機嫌が悪いのか知りたいね）B: She failed the math exam again. （彼女，また数学の試験に落ちたんだ）

彼は我が身を守るために私を裏切ったのです。

He threw me under the (　　) to protect himself.

(a) train　(b) car　(c) truck　(d) bus

He threw me under the bus to protect himself.　　　解答：(d)

　この英文を直訳すると，「彼は我が身を守るために私をバスの下に投げた」となります。このような文字通りの意味が成立することもあるかもしれませんが，**throw someone under the bus** は慣用的な表現となっています。これは，自分の近親者，友人，仲間（味方）を自分の利益のために裏切る，犠牲にする，あるいは自分の失敗を相手になすりつけることを意味します。「バスの下に誰かを投げる」という行為は，ひどい行為ですから，上記のような比喩的な意味で用いられているものと考えられます。もう1つ例文をあげておきましょう。Every time she gets in trouble, she throws him under the bus. (彼女は困ったことになるといつも，彼のせいにして責任逃れするのです)

問4

喜んでそちらに行かせてもらいます。

I'll be there with (　　) on.

(a) lights　(b) bells　(c) balls　(d) rings

I'll be there with bells on.　　　解答：(b)

　with bells on は，慣用句で「喜び勇んで」「張り切って」「胸をわくわくさせて」のような意味を表します。このフレーズは，「どこかに行ったり，何かをする時に，それを大いなる関心と活力でもって行う」ことを言うのに用いられます。したがって，「喜んで彼女の誕生日パーティーに行きます」は，I'll be at her birthday party with bells on. と表現できるわけです。もう一例見ておきましょう。「A: 今度の日曜日我が家でバーベキューパーティーっていうのはどうかな？ B: それはいいね。喜んでそちらに行かせてもらうよ」は，A: How about a BBQ at our house next Sunday?　B: Sounds good. We'll be there with bells on.

問5

私にも経験がある。

I've been (　　).

　　(a) there　(b) here　(c) everywhere　(d) to that place

I've been there.	解答：(a)

　この英文の解釈としては，「私もそこに行ったことがある」がまず浮かぶと思いますが，もう１つの解釈が成立します。この英文は，話し相手と同じ経験をしたことがある場合，「自分にも同じような経験があるので，あなたのおっしゃることは理解できる」という感じで用いることができます。ただし，これは親しい人の間で用いられるくだけた表現です。したがって，例えば，「私にも経験があるよ。私に詳しく説明する必要はないよ」は **I've been there. You don't need to spell it out for me.**，また「私にも経験があるよ。だから，商売で成功するのがどれほど大変か知っているさ」は **I've been there. And I know how tough it is to succeed in business.** のように表現できます。さらに，**Been there, done that.** のような表現もありますが，これは I've been there and done that. が縮小された表現です。この表現も，「私もそういった経験をしているよ」という感じで用いられます。この表現は，相手を慰めたり，励ましたりするのに用いられますが，時として，相手の述べた内容に関して，自分がすでに経験していることだから，新鮮さも面白さも感じないので，違う話題に移ろう，というような意味を暗示することもあります。一例をあげておきます。A: I was demoted for no reason.（理由もなく降格されたよ）B: Been there, done that.（私も同じ経験をしたことがあるよ）

A: 今夜踊りに行こうよ。　　B: いいよ。

A: Let's go dancing tonight.　B: I'm (　　).

　　(a) fine　(b) good　(c) game　(d) nice

A: Let's go dancing tonight.　B: I'm game.　　　解答：(c)

　game という単語は，名詞として馴染みが深いですが，ここでは，形容詞として用いられています。形容詞の game には，「勇気［元気，意志］がある」「乗り気である」の意味があり，例えば，He's game for anything.（彼は何でもする気力がある），She's still game to do things like that.（彼女にはまだそのようなことをする意志がある）のように用いられます。また，上の A と B のやりとりに見られるように，相手から何かに誘われて乗り気の時に，**I'm game.** は，「よし，そうしよう」「話に乗るよ」の意味で用いられます。ちなみに，What's your game? は，「いったい何事なんだい？」「どういうつもりなんだ？」「どうしたんだい？」と相手に尋ねる時のフレーズとして使われます。

A: 彼女は彼に腹を立てていたのですか？

R: そんなことはないと思いますがね。

A: Was she angry at him?　B: Not that I know (　　).

　　(a) about　(b) on　(c) with　(d) of

A: Was she angry at him?　B: Not that I know of.　　解答：(d)

　Not that I know of. は，相手の疑問に対して，完全に確信があるわけではないが，自分の知っている限りでは，質問に対して否定的な答えをせざるを得ない場合に用いられます。ですから，もし完全に自信があるか事実として確認

済みの事柄について述べるのであれば，当然，Was she angry at him? に対して，No, she wasn't. と答えられますが，断定を避けて控えめに否定的な答えをするのに便利な表現が，この **Not that I know of.** です。類例を1つあげておきましょう。A: What's wrong with John? Is he sick?（ジョンはどうしたの？気分でも悪いのかな？）B: No, not that I know of.（いえ，そんなことはないと思います）

問8

彼は午後授業をさぼって新作映画を見に行った。

He (　　) class in the afternoon and went to see the new movie.

(a) avoided　(b) cut　(c) evaded　(d) sabotaged

He cut class in the afternoon and went to see the new movie.　解答：(c)

「授業をさぼる」は，cut class で表現されます。したがって，「彼女はよく授業をさぼり，勉強が遅れてしまった」は，She often cut class and fell behind her studies. と言います。cut class のほかに，cut a class と cut classes の形もあります。例をあげておきましょう。She has never cut a class in her entire life.（彼女はこれまで一度たりとも授業をさぼったことがない），Bill cut classes to go to a party.（ビルは授業をさぼってパーティーに行った）

問9

彼はただ同然でその古い家を買った。

He bought the old house (　　) a song.

(a) for　(b) with　(c) of　(d) at

He bought the old house for a song.　解答：(a)

for a song を直訳すると,「一曲の歌と引き換えに」となりますが,何かを購入する際に,それを「歌を一曲歌ってもらって支払う程度の金額で」手に入れることを言います。そこから,**for a song** は,「捨て値で」「ただ同然で」「二束三文で」を意味します。もう一例あげておきましょう。I got the rare old vase for a song at an antique shop.（古美術店でその珍しい花瓶をただ同然で手に入れました）

問10

彼女は私の申し出をきっぱりと拒否した。

She turned my offer down (　　).

　　(a) perfectly　(b) obscurely　(c) ambiguously　(d) flat

She turned my offer down flat.　　　　　　　　　　　解答：(d)

形容詞としての flat を用いて,give a flat denial あるいは give a flat refusal（きっぱりと断る）のように表現することもできますが,副詞としての flat を用いて,refuse flat や turn down flat のように表現することもできます。「驚いたことに,彼女は彼からの親切な申し出をきっぱりと断った」を英語に直してみると,Surprisingly, she gave a flat denial to his kind offer. あるいは,Surprisingly, she turned his kind offer down flat. のようになるでしょう（pp. 81–82 参照）。

　以下の各章で,さらに,基本単語を活用した様々な表現を見ていくことにしましょう。

第 1 章

名詞と動詞

馴染みの深い基本名詞と基本動詞（1）

　私たちは，英語学習の初期の段階で様々な基本的な名詞や動詞を学びます。名詞では，ball, class, game, room などが，動詞では，buy, cook, enjoy などがその例です。初学者は，ball は「ボール」「球」，class は「学級」「授業」，game は「試合」「ゲーム」，kick は「蹴ること」「キック」，room は「部屋」をそれぞれ意味すると習いますが，次の各例を見ることにしましょう。

(a)　I had a **ball** last night.

(b)　Meg has **class**.

(c)　I can see through your little **game**.

(d)　I have **room** for dessert.

(e)　I get a **kick** out of watching her dance.

　(a) の ball は，「球」を意味する ball とは別の単語で，「舞踏会」「たいへん楽しい一時」を意味します。したがって，**I had a ball last night.** は，「昨夜はとても楽しい一時を過ごした」を言い表します。(b) の **class** は「品位」「品格」を意味し，**Meg has class.** は「メグには気品がある」ことを述べています。(c) の **game** は，「たくらみ」「策略」を意味し，**I can see through your little game.** は，「君のちゃちな手の内は見えている」を意味します。また，**room** には「余地」「空間」の意味もあり，(d) の **I have room for dessert.** は「デザートは別腹です」の日本語が対応します。さらに，**kick** には「刺激」「楽しみ」の意味もあり，get a kick out of ～ は，「～に楽しみを覚える」「～を面白がる」の意味で用いられます。したがって，(e) の **I get a kick out of watching her dance.** は，「私は彼女が踊るのを見るのが楽しい」を意味するわけです。

　以上のような例から，馴染みの深い基本名詞に重要な追加的意味があることが確認できると思います。

　動詞に関しても，名詞の場合と同様のことが言えます。次の各例を見ることにしましょう。

(f)　Everybody seemed to believe what he said. But I don't **buy** it.

(g)　He **doctored** the data.

(h) He **enjoyed** the advantage of being into a wealthy family.

(ı) I've **booked** you a room at ABC Hotel.

(j) Let me **sleep on** it. I'll make up my mind tomorrow morning.

(f) は「みんなは彼の言うことを信じているようだった。でも私は信じられない」を意味します。つまり、動詞 **buy** には「（説明・意見などを）受け入れる」「信じる」の意味があるということです。特に、アメリカでくだけた会話で用いられます。(g) は「彼はデータを改ざんした」を意味します。名詞のdoctor はお馴染みですが、動詞としての **doctor** には、「（文書・証拠などに）不正な変更を加える」「改ざんする」の意味があります。また、(h) は「彼は裕福な家庭に生まれるという有利さに恵まれていた」を意味します。つまり、**enjoy** は、ここでは「楽しむ」という意味ではなく、「（特権・利益などを）享受する」「（よいものを）持っている」の意味で用いられているわけです。さらに、(i) に見られるように、基本単語の book が、動詞として、I've booked you a room at ABC Hotel.（ABC ホテルに部屋を予約しておいてあげています）のように使われることはよく知られていると思います。最後の (j) では **sleep on ~** という表現が使われていますが、これは「~について一晩寝て考える」「~の決断［回答］を翌朝まで延ばす」を意味します。したがって、(j) は「一晩考えさせて。明日の朝決めるから」と述べています。

以上のように、馴染みが深いと思われる単語がよく知られている意味とは違った意味で用いられる場合があり、実際そのようなことは珍しいことではないように思われます。

以下で、問題形式で空所に適切な名詞と動詞を入れていきながら様々な表現を見ていくことにしましょう。以下では、馴染みの深いと思われる基本名詞の便利な使い方や死角になりがちな意味について観察していきます。

なお、問 1 から問 24 までは適切な名詞を、また問 25 から問 60 までは適切な動詞を選んで空所を埋め英文を完成させる問いになっています。問題で空所に埋めるべき単語が分かった後は表現の定着をはかるために、練習問題を設けています。また、紹介されている表現に関連する事柄にも必要に応じて触れています。

では、以下で具体的に様々な表現を見ていくことにしましょう。

問 1

あなたを助けるためなら力の及ぶ限り何でもします。

I'll do everything in my (　　) to help you.

　　(a) force　(b) power　(c) strength　(d) clout

I'll do everything in my power to help you.　　　　解答：(b)

　power という名詞は，「権力」「力」「体力」などの意味を表すわけですが，**in one's power** のフレーズは，「力の及ぶ限り」の日本語に対応します。したがって，「～するのにできる限りのことをする」は **do everything in one's power** で表現できます。「できる限りあなたを助けるつもりです」という内容は，簡単に，I'll help you as much as I can. と言っても充分伝わると思いますが，この **I'll do everything in my power to help you.** を用いることで，相手を助けたいという意志を強く全面に出すことができます。相手の力になりたいという強烈な意志表示のフレーズとして do everything in one's power も身につけておきたいところです。

練習問題　次の日本文を英語に直してみましょう。

(a) 彼は私が新しい仕事を見つけるのに力の及ぶ限り何でもしてくれました。
(b) 私はそれを取り戻すためだったら力の及ぶ限り何でもします。
(c) 彼女は彼を絶望から救うためなら力の及ぶ限り何でもするでしょう。

解答例

(a) He did everything in his power to help me find a new job.
(b) I'll do everything in my power to get it back.
(c) She'll do everything in her power to save him from despair.

N.B.　It is in one's power to ～ は，「～には～できる力がある」「～には～できる権限がある」を意味しますから，「彼にはあなたをこの会社に雇う力がある」は It is in his power to employ you in this company. となり，これを否定すると，It is beyond his power to employ you in this company. となります。

彼には自分自身の会社を経営するだけの勇気がなかった。

He didn't have the (　　) to run his own business.

    (a) desire　(b) guts　(c) willingness　(d) intention

He didn't have the guts to run his own business.	解答：(b)

　guts は，日本語にもなっていて，「がんばる気力」「根性」の意味で使われますが，この意味に加えて「勇気」の意味もあります。「彼にはすごく根性がある」は He has a lot of guts.，「彼が仕事を辞めるのに大いに勇気が必要だった」は，It took him a lot of guts to quit his job. のように表現できます。

　さて，**He didn't have the guts to run his own business.** に見られる have the guts to do ~ ですが，これは「大胆にも~する」「~する根性［勇気］がある」の意味で用いられますので，問いの日本語に対応するわけです。

練習問題 次の日本文を英語に直してみましょう。

(a) 私には彼女に真実を告げる勇気はありません。

(b) 彼は大胆にも彼女にプロポーズした。

(c) 彼女は気が弱くて社長に昇給を要求することはできなかった。

解答例

(a) I don't have the guts to tell her the truth.

(b) He had the guts to propose to her.

(c) She didn't have the guts to ask her boss to give her a raise.

N.B. 「勇気」「気力」「根性」を意味するくだけた表現には spunk があります。この単語は，guts と同様に，have the spunk to do ~（~する勇気［気力］がある）の形で用いられます。She had the spunk to ask the clerk for a discount.（彼女は店員に値引きを頼むだけの勇気があった）を例にあげておきましょう。

問 3

私たちには共通するところがいっぱいありますね。

We have a lot in (　　).

　　(a) equality　(b) similarity　(c) common　(d) resemblance

We have a lot in common.　　　　　　　　　　　　解答：(c)

---

　common は，「共通の」「公共の」を意味する形容詞として用いられることが多いようですが，名詞として「共通」「共同」の意味で用いられます。したがって，have something in common は「共通点がある」を，have nothing in common は「共通点がない」をそれぞれ意味します。すると，「私は彼と共通点がある」は He and I have something in common., 「私は彼女とは共通点がない」は She and I have nothing in common. の英語がそれぞれ対応することなります。また，これらはそれぞれ I have something in common with him., I have nothing in common with her. と表現することもできます。さらに，「スペイン語とポルトガル語は多くの共通した特徴を持つ」は，英語では Spanish and Portuguese have a lot of characteristics in common. となるでしょう。

練習問題　次の日本文を英語に直してみましょう。

（a）彼女と彼には共通点がある。

（b）その 2 つの事件には多くの共通点があった。

（c）彼らは双子だが，共通点はまったく無い。

解答例

（a）She and he have something in common.

（b）The two cases had a lot in common.

（c）Although they are twins, they have nothing in common.

N.B.「あなたと彼には似たところがある」は There are similarities between you and him. また，「この曲はあの曲と多くの著しい類似点がある」は This tune has many striking similarities to that tune. となります。

問4

人それぞれに好みがあるからね。

To each his (　　　).

　　(a) taste　(b) hobby　(c) liking　(d) own

To each his own.　　　　　　　　　　　　　　　　解答：(d)

　　to each his own そのものには基本単語しか用いられていませんが，直訳しても意味がとりにくい類いの表現であると思われます。これは，「好き好きだからね」ということを一般的に述べる表現です。爬虫類が苦手な人はヘビをペットに飼っている人を理解することが難しいと思うでしょう。このような場合，好みについては人それぞれだ，という意味で「好き好きだからね」というような言い方をしますが，それは英語では，**To each one's own.** のように表現されます。例えば，「A: 彼はペットにヘビを飼っているんだってね。B: 好き好きだからね。」は，A: I hear he keeps a snake as a pet. B: To each his own. となります。この **to each his own** は，日本語の慣用表現としては「十人十色」に相当します。また，「十人十色」は There is no accounting for tastes. の英語表現を当てることもできます。「蓼食う虫も好き好き」ということわざもありますが，これに対応する英語表現も There is no accounting for tastes. で間に合います。さらに，俗っぽい言い回しに Different strokes for different folks. があり，前半の Different strokes だけを用いて，「十人十色だね」という感じで使えます。

練習問題　次の日本文を英語に直してみましょう。

(a) A: 彼女はブルースしか聞かないんだって。
　　B: まあ，好き好きだからね。
(b) A: 彼らはホラー映画しか見ません。　B: 好き好きだからね。

解答例

(a) A: She listens to nothing but blues.　B: Well, to each her own.
(b) A: They watch only horror movies.　B: To each their own.

19

問5

最近の新しい映画が，全部どうなっているのか，把握しておくのはむずかしい。

It's hard to keep (　　) of all the new movies these days.

　　(a) trace　(b) track　(c) trail　(d) train

It's hard to keep track of all the new movies these days.　解答：(b)

　track は，「小道」「（競技用の）トラック」「線路」などを意味しますが，これらの意味に加えて「進路」「道筋」の意味もあります。keep track of ～ は「（人・物）を見失わないようにする」「（人・物）の進路を追う」「ずっと（人・物）の情報を得る」などを意味します。このフレーズにおける track は「進路」を意味し，keep track of ～ 全体で「移り変わる人や物事がどうなっているのかその動向をちゃんと把握しておく」という感じで用いられます。

練習問題　次の日本文を英語に直してみましょう。

(a) あなたは自分の銀行口座の残高をよく把握しておくべきです。
(b) その先生は自分の生徒全員の動静に注意するように努めている。
(c) その国で起こっている事態に注意することが大切だ。

解答例

(a) You should keep track of the balance in your bank account.
(b) The teacher tries to keep track of all his (her) students.
(c) It is important to keep track of what is happening in the country.

N.B.　例えば，「その本がすごく面白かったので，読んでいるうちに時が経つのも忘れてしまった」は The book was so interesting, so while I was reading it, I lost all track of time.，「刑事はその容疑者を見失った」は The detective lost track of the suspect. と表現できます。

問 6

A: 眠そうだね。　　B: 2 時間しか寝てないんだ。　　A: 道理で。

A: You look sleepy.　B: I slept for only two hours.　A: No (　　).

　　(a) reason　(b) amazement　(c) guess　(d) wonder

No wonder.　　　　　　　　　　　　　　　　　　解答：(d)

　「道理で」は, **No wonder** が対応します。この表現における wonder は, 「不思議なもの」「驚くべき出来事」を意味しますから, 直訳は「何ら不思議なことはない」で, 詰まるところ「道理で」となります。また, 「道理でね」「なるほどね」「そういうわけですね」は That explains it. で表現することもできます。1 つ例をあげておきましょう。A: He was very late for the meeting yesterday. B: There was an enormous traffic jam on the freeway. A: That explains it. (A: 昨日彼は会議に遅れたね。B: 高速道路が大渋滞だったんだ。A: 道理で。)

練習問題　次の日本文を英語に直してみましょう。

(a) A: あなたは英語がすごく上手ですね。
　　B: ニューヨークに 10 年住んでいました。
　　A: 道理で。
(b) A: すごく嬉しそうだね。
　　B: 昇進したんです。
　　A: 道理で。

解答例

(a) A: Your English is so good.
　　B: I lived in New York for ten years.
　　A: No wonder. [That explains it.]
(b) A: You look so happy.
　　B: I got promoted.
　　A: No wonder. [That explains it.]

問7

私はたいして旅行をするほうではありません。

I'm not (　　) of a traveler.

　　(a) type　(b) character　(c) much　(d) kind

I'm not much of a traveler.	解答：(c)

　この much は，名詞の much です。通例は，上の問いの文のように，否定文で much of X のパターンで「たいした X」の意味で用いられます。この much of X は，主語の X としての資質を述べる表現で，「彼は大した音楽家ではない」は He's not much of a musician. となります。

練習問題　次の日本文を英語に直してみましょう。

(a) 私はあまり踊りが得意ではありません。

(b) 彼は大して酒は飲めません。

(c) テニスの練習ということになると，私はあまり熱心な方ではないですね。

解答例

(a) I'm not much of a dancer.

(b) He's not much of a drinker.

(c) When it comes to practicing tennis, I'm not much of an enthusiast.

N.B.　more of X than Y の形は「Y というよりもむしろ X」を意味します。したがって，「彼女は助けになるというよりもむしろじゃまになっている」は She's more of a hindrance than a help. また，「彼女は歌手というよりもむしろ女優だ」は She's more of an actress than a singer. と表現できます。

　また，「X というよりはむしろ Y」は，not so much X as Y を使って表現することもできます。例えば，「彼は歌手というよりもむしろ俳優だ」は，He is not so much a singer as an actor.，「私は腹が立つというよりもむしろ悲しかった」は I was not so much angry as sad. となります。

問 8

私はその時の気分で駅まで歩いたりバスに乗ったりします。

I walk or take a bus to the station according to the (　　) of the moment.

　　(a) mood　(b) mind　(c) spirit　(d) feeling

I walk or take a bus to the station according to the mood of the moment.

解答：(a)

mood は，「気分」「気持ち」を意味するのであって，日本語の「ムード」とは意味が違いますから注意を要します。日本語の「ムード」は，英語では atmosphere が対応します。atmosphere は，悪い雰囲気に言及する場合にも用いられますが，よい意味合いで用いられることが多く，例えば，「私たちはインドムードたっぷりのレストランに行った」は We went to a restaurant with real Indian atmosphere. のように表現されます。

さて，mood について話を戻しますと，mood は「気分」「気持ち」を意味しますから，**according to the mood of the moment** は「その時の気分で」「その時の気持ち次第で」を意味することになります。

練習問題　次の日本文を英語に直してみましょう。

(a) 彼女はその時の気分でコーヒーあるいは紅茶を飲む。
(b) 彼はその時の気分で日本映画かアメリカ映画を楽しむ。
(c) 私はその時の気持ち次第で読書をしたりスポーツをしたりします。

解答例

(a) She drinks coffee or tea according to the mood of the moment.
(b) He enjoys Japanese or American movies according to the mood of the moment.
(c) I read books or take part in a sport according to the mood of the moment.

問9

彼女とのおしゃべりは本当に楽しいです。

Talking with her is a real (　　).

　　　(a) happiness　(b) entertainment　(c) gas　(d) contentment

Talking with her is a real gas.　　　　　　　　　　　　　解答：(c)

---

　gas という単語を聞くと「気体」「ガス」「ガソリン」などの意味がすぐに思い浮かぶと思います。「ガスボンベ」は，ドイツ語の Gasbombe が日本語になっていますが，これは英語では，a gas cylinder あるいは a gas container が対応します。また，「ガソリンスタンド」は和製英語であり，英語では a gas station ということはよく知られていることと思います。以上のような表現が gas から真っ先に連想されるでしょう。しかし，カナダやアメリカでは，くだけた表現として **gas** は，a person or an event that is fun すなわち「愉快にさせる人［出来事］」の意味で用いられています。実例を1つあげておきましょう。Two of us had a good time together at college—wouldn't it be a **gas** to work together now! (Michael Gates Gill, *How Starbucks Saved My Life*. 2007) (われわれ二人は大学で一緒に楽しい時を過ごしたのだった—もし今度一緒に仕事をすることになれば愉快なことではないか！)

練習問題　次の日本文を英語に直してみましょう。

(a) あなたと一緒にいると本当に愉快だ。

(b) 彼の身の上話を聞くのは楽しいですね。

(c) もし彼女ともう一度デートができれば楽しいだろう。

解答例

(a) Being with you is a real gas.

(b) Listening to his life story is a gas.

(c) It would be a gas to have a date with her once again.

問 10

> たまには高級レストランに行くのもいいね。
>
> It's nice to go to a fancy restaurant for a (　　　).
>
> 　　　(a) change　(b) chance　(c) charge　(d) challenge

It's nice to go to a fancy restaurant for a change.	解答：(a)

　「たまには」に相当する表現が，**for a change** ということになります。このフレーズを直訳すると，「変化のために」あるいは「変化を求めて」ということになります。つまり，**for a change** は，「変化をつけて」「いつもと変えて」を意味するのですが，そこから時として「たまには」と訳した方がしっくりくる場合もあるということです。このフレーズは成句化していますので，このままの形で記憶しておきましょう。

練習問題 次の日本文を英語に直してみましょう。

(a) たまには映画でも見に行こう。
(b) 私たちはちょっといつもと変えて上等なワインを注文しました。
(c) たまには海外旅行にでも行ったらどう？

解答例

(a) Let's go to the movies for a change.
(b) We ordered a wine with some class just for a change.
(c) Why don't you go on a trip overseas for a change?

N.B. 以下では，once in a while や once in a blue moon を用いた例を見ておきましょう。

① たまには研究のことを忘れて温泉にでも行きたい気分だ。
　 I feel like forgetting about my research *once in a while* and going to a hot spring.
② 彼は仕事の鬼だが，ごくたまに休暇をとる。
　 He's a demon for work, but he takes a vacation *once in a blue moon*.

問11

彼は手術台の上で亡くなりました。

He died on the (　　).

　　(a) stand　(b) platform　(c) table　(d) rack

He died on the table.　　　　　　　　　　解答：(c)

　「手術台」に対応する単語は **table** です。「テーブル」「食卓」イコール table という図式が頭の中で出来上がっているかもしれませんが，**table** が「手術台」の意味で用いられることがあります。もちろん，He died on the table. という文を単独で読んだり，聞いたりした場合には，「彼はそのテーブルの上で死んだ」という解釈も十分に成立するのですが，かなり特殊な場面を想定しなければならなくなるでしょう。しかし，この文が「彼」に相当する人物を手術した医者による発言であることが明らかな場合には，当然，「彼は手術台の上で死んだ」という解釈が自然になされることになるでしょう。

　ここで table を含む決まり文句を確認しておくことにしましょう。まず，drink *someone* under the table は「～を酔いつぶす」を意味する決まり文句です。例えば，「昨夜ピーターはポールを酔いつぶした」は，Peter drank Paul under the table last night. と表現されます。また，turn the tables は，文字通りには「盤を回転させる」を意味しますが，この表現はチェスで盤を回転させて攻守を交代することに由来します。すなわち，盤を回転させて優勢な立場にある人と劣勢な立場にある人が正反対の立場に立つことになるわけで，そこから「形勢［局面］を一変させる」という意味になります。例えば，「前半はファイターズがリードしていたが，ベアーズは形勢を一変させ，試合に勝った」は，The Fighters led for the first half, but the Bears turned the tables and won the game. となります。さらに，もう1つ table を含む決まり文句を見ておきましょう。under the table には「袖の下を使って」「賄賂として」「不法にこっそりと」という意味があります。例えば，「その会社の社長は賄賂として大金を市長に渡した」は，The president of the company gave the mayor a large sum of money under the table. となります。

26

彼女は依然として魅力的な女性だ。

She's still a (　　　).

　　(a) fox　(b) cat　(c) chicken　(d) mouse

She's still a fox.　　　　　　　　　　　　　　　　　　解答：(a)

---

　a fox は，言わずと知れた「キツネ」ですが，an attractive young woman（魅力的な若い女性）あるいは，a sexually attractive woman（セクシーで魅力的な女性）の意味もあります。日本語の「キツネ」にはこのような意味はありませんが，英語と共通する意味があります。それは，Oxford Advanced Learner's Dictionary（第8版）（以後，OALD と略す）によると，a fox には a person who is clever and able to get what they want by influencing or tricking other people という意味があります。要するに，軽蔑的に「ずる賢い人」「狡猾な人」の意味が a fox にもあるということです。また，as cunning as a fox（キツネのようにずる賢い）という表現に見られるように **a fox** はずるさの象徴になっています。さらに，as sly as a fox も「キツネのようにずる賢い」を意味する表現です。しかし，アメリカではキツネの顔つきと毛皮の連想から，上の問題文に見られるように，「魅力的な美人」という良い意味で **a fox** が用いられる場合もあるということです。

　また，a fox 以外の表現を使って「彼女は美人だ」と言う方法にもいろいろとあります。名詞では，knockout を用いて She's a knockout. と言えますし，beautiful をはじめ pretty, good-looking, lovely, あるいは gorgeous などの形容詞を用いて，She's beautiful [pretty, good-looking, lovely, gorgeous]. と表現されます。また，セクシーさが加わった感じの美人に言及する場合には，She's really hot. の言い回しがあります。ちなみに，「イケメンであること」を表現する単語は，handsome や good-looking で，「彼はイケメンだ」は，He's handsome. や He's good-looking. ということになります。また，体が大きくてたくましく，男として魅力のある人のことを a hunk と言います。

問13

A: あなたの携帯電話をお借りしてもいいですか？　B: どうぞ。

A: May I use your cell phone?　B: Be my (　　　).

　　(a) partner　(b) customer　(c) guest　(d) friend

Be my guest.　　　　　　　　　　　　　　　　　解答：(c)

Be my guest. を直訳すると，「私のお客になってください」となりますが，これは，Feel free to use what I have. あるいは Help yourself. を意味する決まり文句です。つまり，「どうぞご自由にお使いください」「ご自由にどうぞ」「どうぞご自由にお召し上がりください」「ご遠慮なく」などの日本語に相当することになります。この表現は，時として皮肉を込めて「どうぞご勝手に」「そのようにしてください」という感じで用いられることもありますが，通例は，許可を求められた時の丁寧な快諾の表明に用いられます。

練習問題　次の日本文を英語に直してみましょう。

(a) A: あなたの自転車を貸していただけませんか？
　　B: どうぞご自由にお使いください。
(b) A: もう一杯コーヒーをいただけますか？　B: ご自由にどうぞ。
(c) 彼女に連絡したいの？　どうぞご勝手に！

解答例

(a) A: Could I borrow your bicycle?　B: Be my guest.
(b) A: May I have another cup of coffee?　B: Be my guest.
(c) You want to get in touch with her?　Be my guest!

N.B. be my guest 以外の「どうぞ」を意味する表現を確認しておきましょう。

① A: おトイレお借りしてもよろしいですか？　B: ええ，どうぞ。
　 A: Can I use the toilet, please?　B: Go ahead.
② A: これをもらってもいいですか？　B: どうぞご遠慮なく。
　 A: May I have this?　B: Please do.

あなたはその長旅に備えて体調を整えるべきです。

You should get into (　　) for the long journey.

　　(a) figure　(b) form　(c) shape　(d) condition

You should get into shape for the long journey.　　　解答：(c)

　「体調を整える」「体を鍛える」は **get into shape** で表現されます。shape の第一義は「形」「姿」ですが，くだけた口語表現として shape は，「状態」「調子」の意味でよく用いられます。**get into shape** における shape がまさにこの意味の shape ということになります。「経営状態の悪い会社」は，a company in bad financial shape，「その会社を建て直さなくてはならない」は，We have to put the company into shape. と言えます。また，get ～ into shape は，「～をまとめる」「～の形を整える」の意味でも用いられます。例えば，「私は自分の考えをまとめなければならない」は，I have to get my thoughts into shape. のように表現できます。ちなみに，日本語の「シェイプアップ」と英語の shape up とは意味が違います。英語の shape up は「体調をよくする」を意味します。また，命令形で，Shape up or ship out.（しっかりとやらないなら出て行け）のように使われます。

練習問題　次の日本文を英語に直してみましょう。

(a) 彼はその試合に備えて体調を整えなければならない。
(b) 私は体を鍛えてそのトライアスロン大会に参加するつもりだ。
(c) あなたは自分の部屋をきちんと片づけるべきです。

解答例

(a) He has to get into shape for the game.
(b) I'll get into shape and participate in the triathlon.
(c) You should get your room into shape.

問 15

彼は周りの皆に当たりちらしてうっぷんを晴らした。

He got it out of his (　　) by taking it out on everybody around him.

　　(a) system　(b) heart　(c) body　(d) structure

He got it out of his system by taking it out on everybody around him.

解答：(a)

　system の第一義は「組織」「制度」で，a legal system（法律制度）や a system of government（政治組織）などが馴染みのある表現でしょう。また，system には「体系」「系統」の意味もあり，Hegel's philosophical system（ヘーゲルの哲学体系）や the nervous system（神経系統）がその例です。しかし，the や one's を伴った system は，「人体」「体」「全身」の意味で用いられます。**get it out of one's system** は，「（嫌なこと・心配事などを）表に出して発散させる」「はっきりと口に出す」「うっぷんを晴らす」「憂さを晴らす」などを意味します。また，「何かをしたいという願望を取り除く」という意味もあり，この場合は it は欲求や願望を表すことになります。いずれにせよ，「体の中から it（嫌なこと・心配事・わだかまり・願望・要求などを）出す（その結果，気持ちがすっきりする）」ことを **get it out of one's system** は表すことになります。

練習問題　次の日本文を英語に直してみましょう。

(a) 彼にはすごく腹を立てていたので，そのことをはっきりと口に出した。

(b) 分譲マンションを買ったよ。ずっと欲しいと思ってたんだ。これでようやく気持ちがすっきりして嬉しいよ。

解答例

(a) I was very angry with him, so I got it out of my system.

(b) I bought a condo. I've been wanting to for a long time. I'm glad I finally got it out of my system.

問 16

あなたが適任者だ。

You're a (   ).

    (a) natural (b) validity (c) quality (d) fitness

You're a natural.   解答：(a)

natural は，形容詞として「自然の」「天然の」の意味で用いられることが多いのですが，**You're a natural.** のように名詞として natural が用いられることがあります。名詞の natural は，「うってつけの人［物］」「適任者」の意味で使われます。この名詞としての natural はくだけた口語表現です。「～にうってつけの人物」の「～に」に当たる単語は for です。したがって，例えば，She is a natural for the job. (彼女はその仕事にうってつけの人物だ) と表現されます。

練習問題　次の日本文を英語に直してみましょう。

(a) あなたは弁護士にうってつけだ。
(b) 彼女はその役にうってつけだ。
(c) その手の仕事は彼にぴったりだ。

解答例

(a) You're a natural for the law.
(b) She's a natural for the role.
(c) He is a natural for that kind of work.

N.B.　「適任者」を表す別の表現も見ておくことにしましょう。

① 彼はその仕事の適任者だ。
　He's the right person for the job.
② あなたをおいてこの仕事の適任者はいません。
　No one is better suited for the job than you.
③ 今度の秘書は適任者ですね。
　The new secretary is a good choice.

31

問17

彼の物語は世界中の人たちの心の琴線に触れた。

His story has struck a (　　) with people throughout the world.

(a) chord　(b) rope　(c) line　(d) wire

His story has struck a chord with people throughout the world.

解答：(a)

　音楽好きの人なら，chord という単語を耳にすると，「和音」「コード」の意味を思い起こすことでしょう。しかし，chord には「（楽器の）弦」の意味もあり，そこから比喩的に「（心の）琴線」「感情」「情緒」の意味で用いられます。**strike a chord with 〜** あるいは **touch a chord with 〜** は，「〜の心の琴線に触れる」「〜の心を打つ」「〜の共感を呼ぶ」などの意味で用いられます。

練習問題　次の日本文を英語に直してみましょう。

(a) その市長候補の演説は多くの人々の共感を呼んだ。
(b) 彼女のバイオリンの演奏は聴衆の心を打った。
(c) 彼の言葉は私の琴線に触れた。

解答例

(a) The speech of the candidate for mayor struck a chord with a lot of people.
(b) Her performance of the violin struck a chord with the audience.
(c) His words touched a chord with me.

N.B.　「〜の心に訴える」は tug at one's heartstrings で表現可能で，「そのスティーブ・ジョブズの本は心に訴える内容だった」は The contents of the book of Steve Jobs tugged at my heartstrings. のように言うことができます。

私はたこの歯ごたえが好きなのです。

I like the (   ) of octopus.

  (a) feeling (b) texture (c) savor (d) touch

I like the **texture** of octopus.   解答：(b)

---

texture という単語には「織物」「生地」や「構造」「(社会などの) 組織」などいろいろな意味があるのですが，「(食べ物などの) 歯ごたえ」「食感」「舌触り」「(岩石・木材・皮膚などの) 肌理 (きめ)」「手ざわり」の意味もあります。上の英文の **texture** はまさにこの「歯ごたえ」「食感」「舌触り」の意味で用いられています。

練習問題 次の日本文を英語に直してみましょう。

(a) 彼はしゃきっとしたセロリの食感を楽しんだ。

(b) 私はアーモンドのカリッとした歯触りがたまりません。

(c) この麺はしこしことした食感があるからおいしい。

解答例

(a) He enjoyed the texture of the crisp celery.

(b) I love the crunchy texture of almonds.

(c) These noodles are quite good because they have springy texture.

N.B.「歯ごたえ」表現を追加しておきましょう。

① このスパゲティーはしっかりとした歯ごたえがあっておいしい。
This spaghetti is cooked al dente and delicious.

② 歯ごたえのないものばかり食べていると堅いものが食べられなくなるよ。
If you only eat food that doesn't have to be chewed much, you won't be able to eat hard food.

③ どうせ読むなら，歯ごたえのある本を選びなさい。
If you're going to read books, choose one that you can get your teeth into.

問19

その花瓶は白い花におあつらえ向きだ。

The vase is just the （　　） for white flowers.

　　(a) match　(b) fit　(c) thing　(d) stuff

The vase is just the thing for white flowers.　　解答：(c)

　thing が「物」や「事」を意味することは，英語学習の初期の段階で学ぶのですが，**the thing** で「うってつけのもの」「必要なもの」を意味することはあまり学校では教えられていないように思われます。例えば，That's just the thing I wanted. は「それはおあつらえ向きだ」「それに限る」「もってこいだ」を意味することになります。

練習問題　次の日本文を英語に直してみましょう。

(a) 今一番おあつらえ向きなのは一杯の冷えたビールでしょう。

(b) その新車が遠乗りにはおあつらえ向きだ。

(c) この辞書なら新語をさがすのにもってこいだと思うよ。

解答例

(a) A cold glass of beer would be just the thing now.

(b) The new car is just the thing for driving a long way.

(c) I think this dictionary is just the thing for looking for new words.

N.B.　次のような例文も見ておきましょう。

① 今日は釣りを楽しむのにもってこいの天気だ。

　　Today's weather is perfect for enjoying fishing.

② 彼女ならその販売の仕事にうってつけだ。

　　She's just the person for the sales job.

③ 彼はこの手の商売にうってつけだ。

　　He's cut out for this kind of business.

彼女と私はそのことで衝突してしまった。

I had a (　　) with her over the matter.

    (a) crash　(b) falling-out　(c) hit　(d) bump

I had a falling-out with her over the matter.　　　　解答：(b)

　実際，falling-out という名詞は，馴染み深い基本単語とは言うことはできないように思われますが，くだけた口語では，「仲たがい」「いさかい」「けんか」「不和」の意味でよく使われています。**have a falling-out with ～** で「～とけんかになる」「～と仲違いする」「～と衝突する」を意味します。また，A and B have a falling-out のパターンも，「A と B が仲違いする」「A と B がけんかをする」ことを言い表します。

練習問題　次の日本文を英語に直してみましょう。

(a) A: まだ彼とはつき合っているの？

    B: いえ，2 週間ほど前に仲違いしたの。

(b) 彼女は母親とくだらないことでけんかとなってしまった。

(c) 昨夜ケイトとマイクは彼らの子供のことでけんかをした。

解答例

(a) A: Are you still seeing him?

    B: No, we had a falling-out about two weeks ago.

(b) She had a falling-out with her mother over a trifle.

(c) Kate and Mike had a falling-out over their kids last night.

N.B. 「けんか」と言っても，a quarrel はしばしば個人的な事柄についての口論を意味し，an argument は「口げんか」で，しばしば怒って言い争うことを意味します。a row は「騒々しい口げんか」「論争」，また，a spat は「（取るに足らないことをめぐっての）ちょっとした［小さな］口げんか」を意味します。fight は「取っ組み合いのけんか」と「口げんか」の両方をカバーします。

問21

実を言うと，僕はずっと君のことが好きだった。

To tell you the truth, I've always had a soft (　　) for you.

    (a) spot　(b) feeling　(c) care　(d) affection

To tell you the truth, I've always had a soft spot for you. 解答：(a)

　spot は，「行楽地」「観光地」「ナイトクラブ」「レストラン」あるいは「（組織の中での）地位」「職」の意味で用いられます。しかし，上の英文の a soft spot は，「弱点」を意味します。したがって，**have a soft spot for ~** は，直訳すると「~に対して弱点を持っている」となるのですが，この表現は「（人・物に）特別な好意を抱いている［~に弱い］」「~をかわいがる」「~を愛する」「~に心を引きつけられて弱い」を意味する決まり文句です。

練習問題 次の日本文を英語に直してみましょう。

(a) 彼は心密かにジュディーに好意を寄せていた。
(b) 課長は本当に女性に弱いんだから。
(c) 私は犬が好きなんです。

解答例

(a) He secretly had a soft spot in his heart for Judy.
(b) Our section chief really has a soft spot for women.
(c) I have a soft spot for dogs.

N.B. a soft spot に並んで，「soft＋名詞」の表現に soft soap や soft touch があり，soft soap は，「軟石鹸」「お世辞」を意味します。また，soft-soap は動詞で「~にお世辞を言う」「おべっかを使う」の意味で，例えば，It's no use trying to soft-soap me.（私にゴマをすっても無駄だ）のように使われます。また，soft touch は「だまされやすい人」「すぐにお金を貸す［与える］人」を意味する決まり文句です。「うわさによると，彼は金を借りやすい男だそうだ」は According to the rumor, he's a soft touch. と表現できます。

問22

A: 君は僕の車を買いたいって？ ２千ドルで？
B: いいよ，それで決まりだ。

A: You want to buy my car? For two thousand dollars?
B: All right, it's a (   ).

    (a) settlement　(b) decision　(c) deal　(d) commerce

A: You want to buy my car? For two thousand dollars?
B: All right, it's a deal.

解答：(c)

　名詞の deal は「取引」「協定」「取り決め」を意味しますが，**It's a deal.** はくだけた決まり文句で日常よく用いられている表現です。もともと deal には「取引」の意味がありますから，何かお金が動く場面で用いられるのが通例ではあるのですが，それ以外に，何かの話が成立する場面でもこの表現が用いられます。その場合は「それで決まりだ」「そうしよう」という感じの日本語が対応します。

練習問題 次の日本文を英語に直してみましょう。

(a) あなたは CD プレーヤーを 30 ドルで売りたいのですね。取引成立です。
(b) A: よし，そのバイオリンを５千ドルで買いましょう。
　　 B: それで話は決まりです。
(c) A: 今夜はフランス料理のレストランに行こう。
　　 B: そうしましょう。

解答例

(a) You want to sell your CD player for $30? It's a deal.
(b) A: OK, I'll pay $5,000 for the violin.　B: It's a deal.
(c) A: Let's go to a French restaurant tonight.　B: It's a deal.

問 23

私は彼女にそのスキャンダルが静まるまでおとなしくしておくように勧めた。

I advised her to keep a low (　　) until the scandal had died down.

(a) profile　(b) attitude　(c) position　(d) standing

I advised her to keep a low profile until the scandal had died down.

解答：(a)

　profile というと，「横顔」「プロフィール」「人物の素描」のような意味がすぐに思い浮かぶかもしれませんが，profile には「目立つこと」「世間の注意を引くさま [度合い]」の意味もあります。この profile を含む **keep a low profile** は，「目立たないようにする」「控えめな態度をとる」「低姿勢を保つ」「おとなしくする」を意味する決まり文句です。また，このフレーズの反対の意味の「人目に立つようにする」「目立つ態度を維持する」は，keep [maintain] a high profile で表現されます。

練習問題　次の日本文を英語に直してみましょう。

(a) 当初，彼女は新しい職場で目立たないようにしていた。
(b) 彼女は控えめな態度をとるような人ではないですね。
(c) 彼は社長と口論して以来おとなしくしている。

解答例

(a) At first, she kept a low profile at her new workplace.
(b) She's not the sort of person to keep a low profile.
(c) He's been keeping a low profile since his argument with the boss.

誰か陰で糸を引いている人物がいるようだ。

There seems to be somebody pulling the (　　) behind the scenes.

(a) threads　(b) ropes　(c) strings　(d) lines

There seems to be somebody pulling the strings behind the scenes.

解答：(c)

string は，「ひも」「糸」「弦」ですが，**pull the strings** は，「ひそかに人を操る」「陰で糸を引く」「裏で糸を引く」「黒幕として動く」を意味する決まり文句です。次の練習問題でこのフレーズを使って英文を作ることにしましょう。

練習問題 次の日本文を英語に直してみましょう。

(a) 彼の背後で糸を引いているのは誰なのだろう。

(b) 彼がその組織の黒幕だと言われている。

(c) どうやらその政治家が陰で糸を引いているようだ。

解答例

(a) I wonder who is pulling the strings behind him.

(b) He is said to be pulling the strings in that organization.

(c) Seemingly the politician is pulling the strings (behind the scenes).

N.B. pull the strings に似た表現として，the のついていない pull strings の形がありますが，これは「人の力を利用して目的を達する」「コネを使う」を意味します。例えば，I can do it for you by pulling strings.（コネを使って君のためにそれをすることができるよ）あるいは She got the job because her father pulled strings.（彼女は父親がコネを使ったからその仕事に就けたのだ）

問25

最初の問題で引っかかってしまって，問題を全部答えられなかった。

I got (　　) on the first question and couldn't answer all the questions.

    (a) stuck　(b) drawn　(c) stopped　(d) prevented

I got stuck on the first question and couldn't answer all the questions.

解答：(a)

　何かが何かに引っかかって動かない様子は，**get stuck** で表現できます。交通渋滞で足止めされるような場合にも，We got stuck in a traffic jam.（交通渋滞に引っかかってしまいました）また，ファスナーが引っかかって動かないようになった様子も，The zip got stuck. のように get stuck が使われます。そして，見出しの日本文は，**get stuck** の比喩的な表現であるということになります。以上のように，物理的，比喩的に，何かが何かに引っかかって動かない状態を表すのに **get stuck** が用いられます。

練習問題　次の日本語を英語に直してみましょう。

(a) のどの奥に魚の小骨が引っかかってしまった。

(b) 食べたものの小片が歯にはさまってしまった。

(c) 彼の自動車は雪の吹きだまりにはまって立ち往生した。

解答例

(a) A small fishbone got stuck at the back of my throat.

(b) A morsel of food got stuck between my teeth.

(c) His car got stuck in a snowdrift.

N.B. 「引っかかる」の別の表現も確認しておきましょう。

① 私のセーターが釘に引っかかってしまった。

   I got my sweater caught on a nail.

② 紙飛行機が木に引っかかってしまった。

   The paper plane got caught in a tree.

問 26

あの日彼女は彼にひどい仕打ちをしたのです。

She (　　) him a terrible disservice that day.

　　(a) set　(b) gave　(c) did　(d) got

She did him a terrible disservice that day.　　　　解答：(c)

　「～に仕打ちをする」「～に迷惑をかける［害を与える］」は，do ～ a disservice あるいは，do a disservice to ～ で表現されます。したがって，問いの日本文には，**She did him a terrible disservice that day.** の英文が対応します。私たちは service という単語には馴染みがあるのですが，その反意語の disservice は「ひどい仕打ち」「害」「あだ」などの意味で用いられます。

練習問題　次の日本文を英語に直してみましょう。

(a) 彼の協力がなければ人事部に害を及ぼすことになりかねません。
(b) その母親は何でも安易に与え過ぎて自分の子供達に害を及ぼした。
(c) そんなことをしたら彼女にひどい仕打ちをすることになるでしょう。

解答例

(a) His lack of cooperation may do the personnel department a disservice.
(b) The mother did a disservice to her children by giving them anything too easily.
(c) It would be doing a disservice to her to do such a thing.

N.B.　次のような表現も確認しておきましょう。

① 飲み過ぎて彼は健康を害した。
　 Drinking too much injured his health.
② 彼女は誰の感情も害するつもりはなかった。
　 She didn't mean to give offence to anyone.
③ それじゃ恩を仇で返すようなものだ。
　 That's like biting the hand that feeds you.

41

問 27

彼女は僕にとって大切な人なのです。

She (　　) a lot to me.

　　　(a) deserves　(b) serves　(c) means　(d) does

She means a lot to me. 　　　　　　　　　　　　　解答：(c)

　学校では，動詞の mean は「～を意味する」あるいは「～するつもりである」ことを意味すると学習します。例えば，What do you mean by that?（それはどういう意味ですか？），I didn't mean to hurt you.（君を傷つけるつもりなどなかった）あるいは I mean it.（本気だよ）のような表現を学びます。このように mean が頻繁に用いられるのですが，mean には「（～にとって）重要性を持つ」の意味もあり，実際，この意味でも時々用いられます。もちろん，人だけが mean の主語になるのではなく物も主語になることがあります。例えば，It means a lot to me.（そのことは私にとって重要だ）がそのような例です。

練習問題　次の日本文を英語に直してみましょう。

(a) あの男にとって名声がとても大事なのだ。

(b) 彼にとってお金などどうでもいいのだ。

(c) どれだけあなたのやさしい［うっとりと心地よい］愛が私にとって大切なことか！

解答例

(a) Honor means a lot to that man.

(b) Money means nothing to him.

(c) How much your sweet love means to me!

N.B. by all means（是非とも）は A: Would you come to my birthday party? B: By all means. のように，また，by no means（決して～ない）は，The car was by no means cheap.（その車は決して安くなかった）のように用いられます。

馬鹿なことは言うなよ！

(　　) off it!

(a) come　(b) get　(c) go　(d) pull

Come off it!　　　　　　　　　　　　　　　　　　　解答：(a)

この表現は，格好をつけたり，傲慢な態度をとったり，見え透いたウソをついている相手に向かって使われます。したがって，場面や状況に合わせて「もったいつけるなよ」「何をとぼけてるんだ」「ウソはやめろ」「見え透いた話はやめろ」「冗談はよせ」「いい加減にしろ」などの日本語が対応します。例えば，Come off it, Paul. Nobody would believe such a story. (ウソはやめろ，ポール。誰もそんな話を信じるわけないだろ)，Come off it! Enough of your jokes! (もうよせよ。冗談もいい加減にしろ)，John: I'm gonna change the world. George: Oh, come off it, John. Get real! (ジョン：俺が世界を変えてやるさ。ジョージ：おい，馬鹿なことは言うなよ，ジョン。目を覚ませよ) などのように come off it が使われます。

練習問題　次の日本文を英語に直してみましょう。

(a) 馬鹿なことは言うなよ。あの映画スターが君の友達のわけないだろ。

(b) ウソはやめろ。私たちは君がわざとそうしたことは分かっているんだぞ。

(c) いい加減にしろよ。君の大言壮語にはうんざりだ。

解答例

(a) Come off it. That movie star can't be your friend.

(b) Come off it. We know you did that on purpose.

(c) Come off it. I'm sick and tired of hearing your big talk.

N.B. 「馬鹿だなあ，そんなこと言っちゃって」は What a fool to say such a thing!,「そんなこと言うなんて彼女も馬鹿だ」は It is silly of her to say such a thing,「馬鹿も休み休み言うがいい」は Give me a break! と表現できます。

問 29

あなたのために席をとっておきますね。

I'll (　　) a seat for you.

(a) seize　(b) catch　(c) save　(d) grab

I'll save a seat for you. / I'll save you a seat.　　　解答：(c)

　人に席をとっておくことをお願いする場合は，**Could you save me a seat?** あるいは，**Could you save a seat for me?** と言います。

　動詞 save の第一義は，「〜を（危険・害・困難などから）救う」で，例えば，John saved Marsha from drowning in the river.（ジョンは川で溺れそうになっているマーシャを救った），I was saved from despair by his tender words.（彼のやさしい言葉で絶望から救われました）のように用いられます。第二義的な意味は，「（お金などを）蓄える，貯蓄する」であり，If you want to buy a sports car, you need to save enough money to buy it.（スポーツカーが欲しいなら，それを買うための十分なお金を貯めなくちゃね）のように使われます。

練習問題　次の日本文を英語に直してみましょう。

(a) ケーキを少しとっておいてね。
(b) 最後のダンスは僕のためにとっておいてね。
(c) 私は彼から来た手紙を全部とっておいたのです。

解答例

(a) Save some cake for me.
(b) Save the last dance for me.
(c) I saved all his letters.

N.B. save 〜 for a rainy day は，「万一に備えて〜を貯蓄する」を意味し，We have to save a little money for a rainy day.（私たちはまさかの時に備えて少しばかりのお金を蓄えなければいけない）のように使われます。

あわてて事を運ばないようにと言ったでしょ。

I told you not to (　　) things.

    (a) rush　(b) hurry　(c) run　(d) hasten

I told you not to rush things.　　　　　　　　　　　　解答：(a)

　名詞の rush は，rush hour のフレーズや，I'm in a rush.（私は急いでいます）のような表現でお馴染みですが（p. 125 N.B. 参照），上の英文に見られるように，**rush** は動詞としてもよく用いられます。動詞 rush の第一義は，自動詞用法では「（人・車が）急いで行く」であり，hurry よりも行為・動作にあわただしさがあるとされています。したがって，I rushed to the hospital. は I hurried to the hospital. よりも「あわてぶり」が強く感じられることになります。また，他動詞用法としては，The ambulance rushed the injured child to the hospital.（救急車はけがをした子供を大急ぎで病院に運んだ）のように使われます。

練習問題　次の日本文を英語に直してみましょう。

(a) 彼女はあわてて結婚したことを後悔している。

(b) せかさないで！ そのことについて考える時間をください。

(c) あわてて仕事に戻ろうとしなくてもいいのですよ。どうぞごゆっくり。

解答例

(a) She regrets rushing into marriage.

(b) Don't rush me! Give me time to think about it.

(c) Don't try to rush back to work. Take your time.

N.B. 以下のような表現も確認しておきましょう。

① 彼は期限ギリギリになって報告書を書き始めた。

   He began writing his report in a big hurry just before the deadline.

② 彼女は時々われわれをあわてさせる。

   She sometimes throws us into a panic.

馴染みの深い基本名詞と基本動詞 (2)

　ここで，さらに，馴染みの深い基本名詞と基本動詞について見ておくことにしましょう。次の各例文は，どのような意味を表すでしょうか。

(a)　He can **carry the ball** when our boss is gone.

(b)　I want to **touch base with** you over the phone to ask you a couple of questions.

(c)　We **are on the same page**.

(d)　It's **in the bag**.

(e)　**The thing** is, he is short of funds.

　(a) の **carry the ball** という表現は，文字通りには「ボールを運ぶ」を意味しますが，この表現は「重要な役を担う」「責任を持って任務を遂行する」の意味で用いられています。したがって，(a) は，「彼は社長がいない間責任を持って任務を遂行することができる」ということを述べていることになります。この表現は，アメリカンフットボールに由来すると言われています。試合において重要なことは「ボールを運ぶ」ことであり，そこから **carry the ball** は，「責任を持って任務を遂行する」という意味で用いられるようになったとされています。

　(b) の **touch base with ～** は「～に連絡をする」を意味します。ゆえに，(b) は「君に電話連絡をして，2，3質問したいことがあるんだが」という表現ということになります。また，**touch base with ～** には，「～に相談する」という意味もあり，例えば，You need to touch base with your doctor before you start taking the medicine. (その薬を飲み始める前にかかりつけのお医者さんに相談する必要がありますよ) をその例としてあげておきます。

　be on the same page は，「(複数の人・グループが) 同じ意見［考え］である」「目指すものが同じである」「一丸となっている」ことを意味します。ですから，(c) は「私たちは同じ考えです」「私たちは目指すところが同じです」を意味するわけです。

　(d) は直訳すると，「それはカバンの中にある」となるのですが，何かに勝利あるいは成功することが確実であることを言うのに用いられるフレーズが in the bag です。したがって，(d) は「間違いない」「余裕で成功だ」「バッチ

リだ」のような感じで用いられるわけです。「彼女の昇進は間違いなしだね」は Her promotion is **in the bag**.、「その仕事は成功間違いなしだ」は The job is **in the bag**. と表現することができるでしょう。

(e) の thing は問 19 で見たような使われ方のほかに、**the thing** で「課題」「問題」「難しい点」の意味でも用いられます。したがって、(e) は「問題は、彼が資金不足だということだ」を意味するわけです。また、**the thing** は「流行しているもの」の意味でも使われ、例えば、The Italian restaurant is the thing now. は「そのイタリア料理のレストランは今はやっている」を意味します。このような **the thing** の意味に加え、thing の複数形は、「状況」「情勢」を意味し、Things are getting better and better.（事態はますます良くなってきている）のように用いられます。このように、the thing や things をうまく使うことで表現の幅を広げることができることが分かります。

以上の表現は、すべて馴染みの深い名詞と動詞で構成されていますが、それぞれが決まり文句として日常会話でよく用いられています。

さらに、次の各例について見てみることにしましょう。

(f) A: I've been gaining weight these days.
B: **Join the club**.
(g) **The trick** is to figure out how you solve the problem.
(h) He is **doing time** for murder in Folsom Prison.
(i) The writer **stands a chance** of winning the literary award.
(j) Because it was the restaurant's tenth anniversary, all drinks were **on the house**.

(f) の B の **Join the club.** は、「お仲間ですね」「こちらも同じです」「私もだよ」を意味し、相手と同じ状況にあることを言うのに用いられます。どちらかと言うと、よくない状況について言うことが多いようです。例文を追加しておきましょう。A: I can't quit smoking.（禁煙ができないよ）B: Join the club.（こちらも同じさ）また、Welcome to the club. と言っても同じ意味を表すことができます。

(g) の trick についてですが、その第一義は、「ごまかし」「たくらみ」「からくり」であり、また、play a trick on 〜 の形で、「〜にいたずら［悪ふざけ］をする」を意味することはよく知られているかもしれません。しかし、(g) の

the trick は，「(物事の) うまいやり方」「秘訣」「こつ」「要領」の意味で用いられています。(g) のように The trick is to do 〜 は，1つの構文になっていて，「〜するのがこつである」「要は〜することだ」「大事なことは〜することだ」の意味で用いられます。したがって，(g) は，「要は君がその問題の解決方法を見つけ出すことだ」を意味することになります。もう1つこの構文の例 The great trick is not to put off long-term goals but to chip away at them. (大事なことは長期目標を先延ばしにすることではなく，それらを少しずつ片づけていくことだ) をあげておきます。ちなみに，do the trick は「目的を達する」「うまくいく」「功を奏する」を意味する決まり文句です。That may do the trick. (それでうまくいくかもしれない) の例を1つあげておきます。

　(h) は，「彼はフォルサム刑務所で殺人の罪で服役中だ」を意味します。do time は「服役する」「刑務所に入れられる」を意味する口語表現というわけです。

　(i) は，「その作家はその文学賞をもらう見込みがある」を意味します。stand a chance (of 〜) は「〜 (する) 見込みがある」を意味する成句です。もう1つ例文をあげておきましょう。Astronomy can be said to be one area where you always stand a chance of making a new discovery. (天文学は新発見することが常に見込まれる一分野であると言える)

　(j) は，「そのレストランは開店10周年記念だったので，飲み物はすべてお店のおごりだった」を意味します。on the house は「店 (主) の支払いで」「ただで」を意味する決まり文句です。もう1つ例文を重ねておきましょう。"Here," said the waiter, "have a glass of wine on the house." (「はい，無料サービスのワインを一杯お召し上がり下さい」とウェーターが言った)

　では，以下の各問いで，空所にどのような適語が入るか，見ていくことにしましょう。

彼女は時々先走ったことをする。

She sometimes (   ) ahead of herself.

    (a) gets (b) sets (c) puts (d) gives

She sometimes gets ahead of herself.	解答：(a)

get ahead of 〜 は「〜を追い越す」「〜の前に出る」を意味し，例えば，「トムは数学でケイトを追い越そうとしている」は Tom is getting ahead of Kate in math. となります。さて，**get ahead of oneself** を直訳すると，「自分自身の前に出る」となりますが，「先走る」ことを意味します。したがって，**She sometimes gets ahead of herself.** は，「彼女は時々先走ったことをする」の日本語に対応するというわけです。

練習問題　次の日本文を英語に直してみましょう。

(a) 彼女はフランス語でクラスの他の者を抜いた。

(b) 彼らの車はそのトラックを追い越した。

(c) その分野において A 社は B 社を追い越した。

解答例

(a) She got ahead of the others in her class in French.

(b) Their car got ahead of the truck.

(c) Company A got ahead of Company B in the field.

N.B. トラック競技で，スタートの合図のピストルが鳴る前に飛び出ることを jump the gun と言います。この表現を用いた Don't jump the gun. は，「先走ったことはするな」の意味で使用可能です。

問32

最近は独身のままでいる若者が多い。

There are a lot of young people who (　　) single these days.

(a) go　(b) keep　(c) hold　(d) stay

There are a lot of young people who stay single these days.	解答：(d)

　単に「独身である」ことは be single で表現されます。男女ともに「独身である」ことは，She / He is single. あるいは She / He isn't married. のように表現されます。また，男性について言う場合には，He's a bachelor. もよく使われる表現です。そして，「独身のままでいる」「独身を通す」には **stay single** が対応します。動詞は，stay 以外に remain を用いても同じ意味を表すことができます。また，「独身生活をする」には，live a single life が対応します。

練習問題　次の日本文を英語に直してみましょう。

(a) 私は一生独身を通すつもりです。
(b) 彼が独身を通しているのにはなにか訳があるようだ。
(c) あなたもいつまでも独身ではいられないでしょ。

解答例

(a) I'll stay single all my life.
(b) He may have some reason for staying single.
(c) You cannot stay single for the rest of your life.

N.B.　ちなみに，「～に結婚を申し込む」は propose (marriage) to ～ で，例えば，「ニックは彼女に結婚を申し込んだ」は，Nick proposed (marriage) to her. となります。また，pop the question (to ～) も話し言葉では用いられ，この表現を用いると，Nick popped the question to her. となります（第3章問3参照）。

そのうち分かるよ。

You wait and (   ).

    (a) know (b) see (c) realize (d) understand

You wait and see.   解答：(b)

wait and see は，1つのセットフレーズとして用いられています。直訳すると「待って見る」「待って理解する」となりますが，「しばらく状況を見る」「静観する」の意味で用いられます。ですから，Let's wait and see. は，「しばらく様子を見ることにしましょう」「しばらく状況を見ることにしましょう」という意味で用いられるわけです。成り行きを見守っている間に何かが明らかとなる，という発想から a wait-and-see policy あるいは a wait-and-see attitude のような複合語も生まれています。前者は「成り行き注視の政策」，後者は「成り行きを静観する態度」をそれぞれ意味します。

練習問題　次の日本文を英語に直してみましょう。

(a) あなたはその企画を実行する前に事の成り行きを見きわめる必要があります。
(b) 今しばらく静観してみませんか。
(c) A: どこに私を連れて行くっていうの？　B: 今に分かるよ。

解答例

(a) You have to wait and see how things go before you carry out the project.
(b) Why don't we wait a little longer and see?
(c) A: Where are you taking me?　B: Wait and see.

N.B. 「今に分かるよ」「時がたてば分かる」に対応する表現として，Time will tell. も使用可能です。

問 34

自分がいかに不注意だったか思い知らされました。

It was (　　) home to me how careless I had been.

　　(a) brought　(b) carried　(c) caught　(d) sent

It was brought home to me how careless I had been.　　解答：(a)

---

bring A home to B あるいは **bring home to B A** は，「A（事）を B（人）に痛感させる」「A を B にはっきりと悟らせる」を意味します。このフレーズにおける home は，「胸にこたえるほど」「痛烈に」を意味する副詞です。問いの文はこのフレーズの受動態の形になっていて，「まざまざと感じさせられた」「痛感させられた」という意味で用いられています。

練習問題　次の日本文を英語に直してみましょう。

(a) 試合の結果いかに練習不足であったか痛感しました。
(b) 地震の恐ろしさをまざまざと知らされました。
(c) 彼の助言がいかに重要であるかしみじみと胸にこたえました。

解答例

(a) The result of the match brought home to me how little I had been practicing [trained].
(b) The horrors of the earthquake were brought home to me.
(c) It was brought home to me how his advice was important.

N.B. 「～が身にしみる」は，A comes home to B（A（事）が B（人）の身にしみる）でも表現でき，「彼女が私に言ったことは私の身にしみた」は What she said to me came home to me., また「人に信用されることが非常に大事であることを思い知った」は It came home to me that it is very important for me to be trusted by others. と言うことができます。

21 歳になったらすぐに留学するつもりです。

I'm going to go abroad to study as soon as (　　) twenty one.

    (a) I'm   (b) I'll become   (c) I'll be   (d) I'll turn

I'm going to go abroad to study as soon as I'm twenty one.

解答：(a)

　文法の話になりますが，時を表す従属節である副詞節においては未来時の事柄について述べる場合でも，時制は現在時制が用いられるという規則が存在します。したがって，上の英文についても，as soon as 以下は現在時制の be 動詞，すなわち am が用いられなければならないというわけです。類例をあげておくことにしましょう。I'll be with you until he comes back. (彼が戻ってくるまであなたと一緒にいますね)，You will have to finish the job before the boss comes back. (社長が帰ってくるまでにその仕事を終えておかなければいけませんよ)

練習問題 次の日本文を英語に直してみましょう。

(a) 18 歳になったらすぐに運転免許を取るつもりです。

(b) 彼がこちらに来たらすぐに電話しますね。

(c) ニューヨークに着いたらすぐにメールしますからね。

解答例

(a) I'm going to get a driver's license as soon as I'm eighteen.

(b) I'll give you a call as soon as he comes here.

(c) I'll e-mail you as soon as I arrive in New York.

N.B. as soon as は，as soon as possible のフレーズで用いられることが多く，「できるだけ早く」を意味します。ASAP の略語の形でよく使われます。

問 36

残念ですが，あなたに暇を出さなくてはいけないのです。

We're sorry, but we have to (　　) you go.

　　　(a) have　(b) make　(c) let　(d) see

We're sorry, but we have to let you go.	解答：(c)

let you go は「あなたに暇を出す」すなわち，「あなたを解雇する」ことを意味します。つまり，直接的に「解雇する」「首にする」を意味する fire や dismiss を用いずに，婉曲的に述べる表現が let＋人＋go というわけです。

練習問題　次の日本文を英語に直してみましょう。

(a) 彼は暇を出された。（受動文で）

(b) 彼は暇を出された。（能動文で）

(c) 彼女に暇が出されることが決定した。

解答例

(a) He was let go.

(b) They let him go.

(c) They decided to let her go.

N.B. 「彼は首になった」は He was fired., He was axed., He was laid off., He was dismissed. などのように表現されます。「解雇する」の反対概念を表す hire や employ についても，少し見ておきましょう。

① 彼は昨年その製薬会社に雇われた。

He was hired by the pharmaceutical company last year.

② 彼女は銀行に勤めています。

She is employed in a bank.

あなたが出かける前に朝食を用意してあげるね。

I'll ( ) you breakfast before you leave.

    (a) fix (b) ready (c) provide (d) bring

I'll fix you breakfast before you leave.   解答：(a)

　アメリカの口語英語では，**fix** は fix A B あるいは fix B for A の形で「A のために B（食事など）を用意する」の意味で用いられています。**fix** は，くだけた表現であり，それ以外の場合は，prepare が使われます。つまり，「食事の用意をする」は，informal な場面では fix dinner，そして neutral あるいは formal な場面では prepare dinner が用いられます。

練習問題　次の日本文を英語に直してみましょう。

(a) 今夜はあなたが夕食を料理する番です。
(b) 昨日彼女は彼のために昼食を用意した。
(c) あなたに朝食を作りましょうか？

解答例

(a) It's your turn to fix dinner tonight.
(b) She fixed him lunch yesterday.
(c) Shall I fix you breakfast?

N.B. 同類の表現も確認しておきましょう。

① 私はスーに朝食の準備をしています。
　　I'm getting Sue her breakfast.
② 彼女が帰って来るまでに夕食を作らなくっちゃ。
　　I have to make dinner before she comes back.
③ 今日は昼食の用意をしなくてはならない。
　　I have to get my lunch ready today.

問 38

社長が言ったことを私に詳しく教えてください。

(　　) me in on what the boss said.

　　(a) give　(b) tell　(c) fill　(d) get

Fill me in on what the boss said.　　　　　　　　　　　解答：(c)

---

fill 人 in on ～ における fill 人 in は，「人に詳しく教える」「人に情報を提供する」を意味し，on は，「～について」「～に関して」を意味します。したがって，このフレーズ全体で，「人に～について詳しく教える」「人に～に関して情報を提供する」を意味することになります。

【練習問題】　次の日本文を英語に直してみましょう。

(a) 彼はその新しい企画について詳しく教えてくれた。

(b) 何が問題であるか私に詳しく説明させて下さい。

(c) 彼女は現在そこでどのような事が起こっているかに関して情報をくれた。

【解答例】

(a) He filled me in on the new project.

(b) Let me fill you in on what the problem is.

(c) She filled me in on what is happening over there now.

N.B. 同じ「教える」であっても，英語では tell と teach とは区別されています。tell は，人に話したり書いたりして情報の提供をする場合に用いられ，一方 teach は，人に何かのやり方をできるように教授する場合に用いられます。例文として，He told me how to get to the bookstore. (彼はその本屋への行き方を教えてくれた)，He taught me how to operate the machine. (彼は私にその機械の操作方法を教えてくれた) をあげておきましょう。

問 39

彼は時間稼ぎをしようとしていた。

He was trying to (　　) time.

    (a) make　(b) gain　(c) buy　(d) pursue

He was trying to buy time.　　　　　　　　　　　　　　解答：(c)

「時間稼ぎをする」は **buy time** が対応します。動詞 buy と言えば，「買う」が第一義ですが，**buy time** は「時間を買う」ではなく，「時間稼ぎをする」を意味しますから注意が必要です。

練習問題　次の日本文を英語に直してみましょう。

(a) 彼女に今日は体の調子が悪いと言うんだ。そしたら，時間が稼げるかもしれないよ。

(b) 原稿の締め切りが迫っていたが，彼はなんとか時間稼ぎをして，提出することができた。

(c) 時間稼ぎは出来やしませんよ。

解答例

(a) Tell her you're under the weather today.　Then it might buy you time.

(b) The manuscript deadline was approaching, but he managed to buy time and was able to hand it in.

(c) There's no buying time.

N.B. 「時間稼ぎをする」は，buy time 以外に，play for time で表現することもできます。例えば，「彼はそのお金を返すことができないから，下手な言い訳をして時間稼ぎをしているのだ」は He's playing for time by making poor excuses because he can't pay back the money. と言えます。

問 40

彼は大きな契約がとれたので気楽にかまえている。

He's (　　) pretty because he won a big contract.

    (a) sitting　(b) taking　(c) standing　(d) posing

He's sitting pretty because he won a big contract. 　　　解答：(a)

---

　be sitting pretty は「（人が）楽 [有利] な立場にある」「安全な身分である」「気楽に構える」「わずらわない」を意味し，経済的に生活が楽であるとか，仕事が順調に進んでいるとか，あるいは社会的に成功しているような状況描写に用いられます。

練習問題　次の日本文を英語に直してみましょう。

(a) トムはたくさん退職金をもらったから気楽にかまえている。

(b) 彼らは家のローンを返済してから楽な立場にある。

(c) 今やそのむずかしい仕事を終えて気楽なものです。

解答例

(a) Tom is sitting pretty because he got a lot of retirement payment.

(b) They are sitting pretty since they paid off their mortgage.

(c) Now that I have finished the difficult job, I'm sitting pretty.

N.B.　「左団扇で暮らす」という慣用的な表現がありますが，これを英語にすると，live in ease and luxury あるいは live in clover あたりになるでしょう。これらの表現を用いて「父親は彼女に莫大な財産を残したので彼女は左団扇で暮らすことになるだろう」を英語で，She'll live in ease and luxury [live in clover] because her father left her his enormous fortune. と表現できるでしょう。

あなたのためならどんなことでもしますよ。何でもござれです。

I'd do anything for you. You (　　) it.

    (a) give　(b) set　(c) name　(d) put

I'd do anything for you. You name it.　　　　解答：(c)

You name it. で 1 つの決まった言い方になっています。これは，物の名前をいろいろとあげた後でその他何でも言ってごらんなさい，という感じで用いられます。また，A: Shall we go there by train or by bus? B: You name it. As long as not on foot.（A: あそこまで電車でそれともバスで行こうか？ B: 何でも君が決めてくれ。徒歩以外なら何でもいいから）のように相手に決断を委ねる場合にもこの **you name it** が用いられます。

練習問題 次の日本文を英語に直してみましょう。

(a) あのテレビタレントは踊りも歌もうまい。それに小説も書く。何でもござれだ。

(b) いいとも，どちらでもいいよ。君が決めてくれよ。

(c) 中華，イタリアン，フレンチ―何でもござれ，彼は何でも料理しますよ。

解答例

(a) That TV personality is good at singing as well as dancing and writes novels. You name it.

(b) Sure, whichever is all right. You name it.

(c) Chinese, Italian, French—you name it, he cooks it.

N.B. 名詞の name を含む the name of the game も重要表現と言えるでしょう。これは「肝心な点」「最重要点」「(本当の) 目的」「ねらい」を意味する成句で，例えば，「何事をするにも，忍耐が肝心だ」は，In doing anything, patience is the name of the game. と表現することができます。

問 42

彼女は 50 メートル走で 2 位になった。

She (　　) in second in the 50-meter race.

　　(a) came　(b) went　(c) arrived　(d) got

She came in second in the 50-meter race.　　　　　　解答：(a)

「～位になる」は **come in ～** で表現されます。したがって、「1 位になる」は come in first, 「3 位になる」は come in third といった具合です。「～で～位になる」は come in ～ in ... のパターンを使えば便利です。時として、come first, come second のように in が省略される場合もあります。「1 位になる」に対応する英語表現には come out first あるいは come out top もあります。

練習問題　次の日本文を英語に直してみましょう。

(a) 彼女はそのピアノコンテストで 2 位になった。
(b) 彼は知事選で次点であった。
(c) 私はその英語の試験で一番だった。

解答例

(a) She came in second in the piano contest.
(b) He came in second in the gubernatorial election.
(c) I came in first in the English test.

N.B.「～と同点になる」は tie with ～ で、「私は彼と同点で 3 位だった」は I tied with him for third place., また「両チームは 5 対 5 のまま延長 16 回で引き分けた」は The teams went into extra innings but the game ended in the 16th with the score still tied at 5 to 5., 「両チームは 2 勝 2 敗で引き分けた」は The two teams ended up tied, with two wins and two losses apiece. となります。

問43

私の記憶では，彼はハーバード大学卒だったと思います。

As I ( ), he graduated from Harvard University.

    (a) memorize　(b) recall　(c) remember　(d) remind

As I recall, he graduated from Harvard University.　　　解答：(b)

　「私の記憶では」「私の記憶するところによれば」は **as I recall** で表現されます。この表現は，「たしか〜だったと思う」あるいは「今思い出してみると」のような日本語にも相当します。ほかには, to the best of my memory, as far as I can remember [recollect] が同じ意味で用いられます。To the best of my knowledge, that accident happened in 1987. (私の記憶しているところでは，その事故は1987年に起こりました), As far as I can remember, he lived in San Francisco at that time. (私の記憶するところによれば，当時彼はサンフランシスコに住んでいました) がその例です。

[練習問題] 次の日本文を英語に直してみましょう。

(a) 私の記憶では，あそこには以前教会がありました。

(b) あれはたしか先月の3日だったと思います。

(c) 今思い出してみると，学生時代が花でした。

[解答例]

(a) As I recall, there used to be a church there.

(b) As I recall, it was on the third of last month.

(c) As I recall, my schooldays were my best days.

N.B. 類似表現を確認しておきましょう。

① 私の記憶に間違いがなければ，その日その事件が起きました。
　 If I remember right [correctly], the incident happened that day.

② 私はその日のことをつい昨日のことのように記憶しています。
　 I remember that day as if it were [(口語) was] yesterday.

問44

私は不健康でいるわけにはいかなかった。

I could not (　　) any ill health.

　　(a) afford　(b) help　(c) avoid　(d) keep

I could not afford any ill health.　　　　　　　解答：(a)

　学校では，**cannot afford to ~** は，「~する余裕はない」「~するゆとりはない」を意味すると教わります。例えば，I cannot afford to buy such an expensive car. (私はそのような高価な車を買うだけの余裕はない)，あるいは He cannot afford to support his elderly parents. (彼には年老いた両親を養うだけのゆとりがない) などがその例です。しかしながら，実際 **cannot afford to ~** は，「~するわけにはいかない」の意味でよく使われます。以下で練習することにしましょう。

練習問題　次の日本文を英語に直してみましょう。

(a) 私は自分の新しい仕事でどんな間違いも犯すわけにはいかない。
(b) 彼は仕事を失うわけにはいかない。彼には養わねばならぬ家族がいるのだ。
(c) 二人の娘を残して彼女はまだ死ぬわけにはいかなかった。

解答例

(a) I cannot afford (to make) any mistakes at my new job.
(b) He cannot afford to lose his job. He has a family to support.
(c) She couldn't afford to die yet, leaving two daughters behind.

N.B.「~するわけにはいかない」に対応する別の英語表現も見ておきましょう。「入院中はお酒を飲むわけにはいきませんよ」は You are not allowed to drink while you're in (the) hospital.，「そのようなごまかしは許すわけにはいかない」は There can be no forgiveness for such a subterfuge.，「彼は自分の非を認めないわけにはいかない」は He must recognize that he is at fault. のように表現できます。

ジョンとジョージは大学で一緒に部屋を借りていた。

John and George (　　　) together at college.

(a) rent (b) roomed (c) shared (d) got

John and George roomed together at college.　　　　　解答：(b)

名詞の room は，p. 14 で少し触れたように，「部屋」以外には「（人や物が占める）空間，場所」「～の余地」の意味で用いられます。例えば，「これらの本全部を十分入れられる場所はその書棚にはない」は There's not enough room in the bookcase for all these books., あるいは，「その報告書には訂正の余地がある」は There's room for correction in the report. と表現されます。ちなみに，There's not enough [no] room to swing a cat. という決まり文句があります。これを直訳すると「猫を振り回す余地が十分に［全く］ない」ですが，「ひどく窮屈だ」「とても狭苦しい」という意味で用いられています。これは，小さな猫一匹を振り回すことができない程狭いことを述べる面白い発想の表現と言えるでしょう。

さて，前置きが長くなりましたが，**room** は動詞として「～と同居する」「部屋を借りる」「（～方に）下宿する」「間借りする」の意味で用いられます。まさに room という単語の使い道にはいろいろな「余地」があるというわけです。

練習問題 次の日本文を英語に直してみましょう。

(a) 私は 4 月からそこでトムと一緒に部屋を借りています。

(b) 私がシカゴ大学に通っていた時，2 年間ボブとアパートで同居しました。

解答例

(a) I have roomed with Tom there since April.

(b) When I went to the University of Chicago, I roomed with Bob in an apartment for two years.

問 46

私の願いがかないました。

My prayer was (　　　).

　　(a) answered　(b) responded　(c) reacted　(d) replied

My prayer was answered.　　　　　　　　　　　　解答：(a)

　「〜の願い［望み］がかなう」ことは，**one's prayer is answered** で表現されます。何かがかなうということは何かが実現するということであり，「ついに私の夢はかなった」は At last my dream has come true., また，「私はあなたの夢をかなえてあげたいです」は I'd like to make it possible for your dreams to come true., 「神様，私の願いをかなえてください」は God, please hear my prayer(s). のように表現することができます。ここでは，動詞 answer について見ておきましょう。この動詞の第一義は「(人・質問・手紙など) に答える」で，He answered all my questions. (彼は私のすべての質問に答えてくれた)，あるいは She hasn't answered my letter yet. (彼女はまだ私の手紙に返事をくれない) のような例が典型的でしょう。しかし，上の問いの英文 **My prayer was answered.** のような表現も覚えておくべきでしょう。また，同じ内容は，I got my prayer answered. と表現することもできます。

練習問題　次の日本文を英語に直してみましょう。

(a) ついにその夫婦の祈りがかなって，彼らに赤ちゃんが生まれた。
(b) 彼は自分の願いがかなったので有頂天だ。
(c) 私の願いは天に届きました。

解答例

(a) At last the couple's prayer was answered and they had a baby of their own.
(b) He's on cloud nine because his prayer has been answered.
(c) Heaven answered my prayer.

あの場面はやらせだった。

That scene was (　　　).

　　(a) prepared　(b) prescribed　(c) written　(d) staged

That scene was staged.　　　　　　　　　　　　　　　解答：(d)

　解答は (d) ですが，staged の代わりに faked で代用することもできます。名詞 stage が「舞台」「ステージ」を意味することは周知のことと思われますが，動詞としての **stage** には「～を上演する」「(試合などを)(人に見せるために) 企画・実施する」の意味があり，例えば，「式典［イベント］を実施する」は，stage a ceremony [an event] と表現されます。また，動詞の **stage** には，「(世間に訴えるために)(反対運動などを) 行う，実施する」の意味もあり，「スト［デモ］［抗議運動］を実施する」は，stage a strike [demonstration] [protest] と表現されます。このような **stage** の用いられ方があることに加え，**stage** には「見せかける」「仕立てる」の意味もあり，問いの英文のような表現も可能なわけです。

練習問題　次の日本文を英語に直してみましょう。

(a) そのテレビ番組はやらせだったことを知ってがっかりした。

(b) それは自殺に見えるように仕立てられたものだった。

(c) あの最後の場面はいかにもやらせっぽかったと思いませんか？

解答例

(a) I was disappointed to find that the TV program had been staged.

(b) It was staged to look like a suicide.

(c) Don't you think that last scene really gave the impression of having been staged?

問48

何てそこに書いてあるの？

What does it (　　　)?

    (a) write　(b) read　(c) say　(d) tell

What does it say?　　　　　　　　　　　　　　　　解答：(c)

---

say の第一義が「言う」であることは言うまでもありませんが，say には「(手紙・新聞・本などが) … だと書いている」という意味もありますから，ここで確認しておきましょう。例えば，Her letter said that she would come to my birthday party. (彼女の手紙に彼女が私の誕生日パーティーに来てくれると書いてあった) あるいは The document says he used to be an industrial spy. (その文書は彼がかつては産業スパイであったと書いている) また，「(時計などが) (時間などを) 表示する」が **say** で表現されることもあり，「時計は 2 時 18 分を指している」は The clock says 2:18. となります。さらに，say には「(作品・絵などが) (思想・感情などを) 表現する，伝える」の意味もあり，「その絵は何か楽観的なことを表現しているように思われる」は The picture seems to say something optimistic. のように言うことができます。

練習問題　次の日本文を英語に直してみましょう。

(a) その看板には「危険につき入るべからず！」と書いてあった。

(b) 新聞にそう書いてあった。

(c) その本に「すべての道はローマに通ず」と書いてある。

解答例

(a) The sign said "Danger: Do not enter!"

(b) That's what it said in the newspapers.

(c) The book says that "All roads lead to Rome."

N.B. You can say that again. は「全くその通りです」「賛成 [同感] です」を意味する便利な表現です。You said it. と言うこともできます。

問 49

彼はなんとか追っ手をまくことができた。

He managed to (　　) the pursuer.

　　(a) slip　(b) lose　(c) tail　(d) deprive

He managed to lose the pursuer.　　　　　　解答：(b)

---

lose という動詞の意味として，まず学習するのは「（物を）（うっかりと）なくす」「紛失する」でしょう。例えば，She lost my English dictionary.（彼女は私の英語の辞典をなくした）あるいは I think I lost my car key somewhere around here.（このあたりで車の鍵をなくしたと思うのです）のような文が思い浮かぶでしょう。また，**lose** には「（大切なものを）失う」「亡くす」の意味もあり，He lost his right arm in the car accident.（彼はその自動車事故で右腕を失った）あるいは He lost his father to a heart attack.（彼は父親を心臓発作で亡くした）のように用いられます。lose には上にあげた意味に加えて，上の問いの英文に見られるように「（競争者・追っ手などを）引き離す，まく」の意味もあるということです。

練習問題　次の日本文を英語に直してみましょう。

(a) 彼女は追っ手をまこうと人ごみに紛れ込んだ。

(b) あの角を急カーブしたら，奴らをまけるだろう。

(c) 私はその暗い路地にひょいと逃げ込んでその男をまいた。

解答例

(a) She tried to lose her pursuer by getting mixed with the crowd.

(b) If we make a sharp turn at that corner, they'll lose us.

(c) I lost the man by ducking into the dark alley.

N.B.「刑事はその女を尾行したが，まかれてしまった」は The detective tailed the woman but she gave him the slip. と表現できます。

問50

A: ここで何が起こっているの？　B: 分からないね。

A: What's going on here?　　　B: (　　　) me.

　　(a) test　(b) find　(c) search　(d) catch

A: What's going on here?　B: Search me.　　　　　　　解答: (c)

　動詞 search の第一義は，「(場所を)(… を求めて) 探す」「(人を) ボディー チェックする」であり，After the earthquake, we searched the town for the missing friends. (その地震の後，私たちは行方不明の友人たちを町中捜した) や The police searched everywhere for the bank robbers. (警察はその銀行強盗たちを 追って至る所を捜索した)，あるいは They searched the man and his baggage, and he was clean. (彼らはその男とその男の手荷物を調べたが，麻薬 [武器，盗品] は所持していなかった) のように用いられます。また，search for の形で，The police searched for the murderer in every hole and corner of the town. (警察 は殺人犯を追って町のすみずみまで捜した) あるいは I searched high and low for my bag. (私は自分のカバンを見つけようと至る所を捜しました) のように使われま す。しかし，**Search me.** は，質問や尋問に対して「私には分からない」「私は 知らない」を意味する決まり文句です。

練習問題　次の日本文を英語に直してみましょう。

(a) A: 私の携帯電話どこにあるか知ってる？　B: 知らないね。
(b) A: 時間分かります？　B: 分からないね。
(c) A: 彼女どこに行ったの？　B: 分からないね。

解答例

(a) A: Do you know where my cell phone is?　B: Search me.
(b) A: Do you know what time it is?　B: Search me.
(c) A: Where did she go?　B: Search me.

彼女は手で黒髪をすいた。

She (　　　) her hand through her black hair.

　　　(a) passed　(b) threw　(c) combed　(d) blew

She passed her hand through her black hair.　　解答：(a)

　他動詞の pass は，周知のように，「～を通過する」「～に合格する」「～を手渡す」「過ごす」などの意味でよく用いられますが，いくつかの例を見て確認しておくことにしましょう。She passed three runners on the final lap.（彼女は最後の一周で3人のランナーを抜いた），He passed the entrance examination by working very hard.（彼は一所懸命に勉強してその入学試験に合格した），Could you pass me the pepper?（コショーを取ってくださいませんか？），I passed my time in watching TV.（私はテレビを見て時間を過ごしました）などがお馴染みの表現でしょう。しかしながら，pass には「（手などを）さっと動かす」「（手を）やる」の意味もあり，**She passed her hair through her black hair.** がその例ということになります。

練習問題　次の日本文を英語に直してみましょう。

(a) 彼女は指で金髪をすいた。
(b) 彼女は髪を櫛ですいていた。
(c) 彼女が手で髪をすいた時，私は彼女が色っぽいと思った。

解答例

(a) She passed her fingers through her blond hair.
(b) She was passing a comb through her hair.
(c) I thought she was sexy when she passed her hand through her hair.

問52

彼女が立ち上がると，彼女のしゃれた黒い靴が私の目にとまった。

She stood up, her fancy black shoes (　　) my eye.

(a) keeping　(b) catching　(c) meeting　(d) stopping

She stood up, her fancy black shoes catching my eye.　解答：(b)

　上の文中では **catch one's eye** が用いられていますが，この表現は，「〜の目にとまる」「〜の目をひく」を意味します。もちろん，catch は，「〜を捕まえる」の意味でよく用いられますから，**catch one's eye** の意味を理解するのにさほど困難はないでしょう。このフレーズを用いた例をあげておきましょう。While I was waiting for a train on the platform, a man passed by me and his bright red jacket caught my eye. (プラットホームで列車を待っていた時，男が私のそばを通り過ぎたが，彼の真っ赤なジャケットが私の目にとまった)，The picture by Renoir caught her eye. (そのルノワールの絵画が彼女の目を引いた)

練習問題　次の日本文を英語に直してみましょう。

(a) その本の表紙のイラストが彼の目にとまった。

(b) そのロックグループのコンサートの広告を載せている大きなポスターが私の目をひいた。

(c) その化石の貝殻がその考古学者の目にとまった。

解答例

(a) The illustration of the cover of the book caught his eye.

(b) A big poster advertising the concert of the rock group caught my eye.

(c) The fossil shell caught the archaeologist's eye.

N.B. His wild idea attracted the boss's attention. (彼の奇抜なアイデアが社長の目にとまった) のように attract one's attention も使うことができるでしょう。

問53

彼は両親の高い期待に応じようと努力した。

He tried to (　　　) his parents' high expectations.

　　(a) meet　(b) react　(c) respond　(d) reply

He tried to meet his parents' high expectations.　　　　解答：(a)

---

　　meet は「〜に会う」あるいは「〜と知り合いになる」の意味で，I met her at the airport yesterday. (昨日空港で彼女に会いました) や Where did you first meet your wife? (今の奥さんとはどこで知り合いになったのですか) などがその典型例となります。しかし，**meet** には「(必要・要求などに) 応じる」「満たす」「満足させる」の意味もあり，上の英文の **meet** がこの意味で使われています。

練習問題 次の日本文を英語に直してみましょう。

(a) 彼の要求に応じるつもりはまったくありません。

(b) この教科書は学生の要求を満たすでしょう。

(c) 結局彼女は彼らの期待に応じることができなかった。

解答例

(a) I have no intention of meeting his demand.

(b) This textbook will meet the needs of students.

(c) After all, she couldn't meet their expectations.

N.B. 「応じる」と言ってもいろいろで，以下のように，「働きかけに添うように行動する」を意味する「応じる」もあります。例を見ておきましょう。

① 彼女の誘いに応じることにした。

　　I decided to accept her invitation.

② 彼女は彼の忠告に応じなかった。

　　She refused to go along with his advice.

③ 彼は私の頼みに応じてくれた。

　　He agreed to my request.

問54

彼女は自分の研究に打ち込んだ。

She ( ) herself into her studies.

  (a) worked (b) threw (c) ran (d) pitched

She threw herself into her studies.   解答：(b)

---

　throw oneself into ～ は，「～（仕事など）に打ち込む」を意味します。この表現の文字通りの意味は，「自分自身を～の中に投げ入れる」で，He threw himself into the pond.（彼は池の中に飛び込んだ）あるいは She threw herself tiredly into the chair.（彼女は疲れて椅子に身を投げ出した）のように用いられます。しかし，**throw oneself into ～** は，比喩的に「～（仕事など）に打ち込む」の意味で，He threw himself into his work enthusiastically.（彼は熱心に自分の仕事に打ち込んだ）のように表現されます。

練習問題 次の日本文を英語に直してみましょう。

(a) サッカーに打ち込むのもいいけど，そろそろ入試の準備にとりかからなくてはね。

(b) 彼は会社のために新製品の開発に打ち込んでいる。

(c) 彼らは砂漠緑化の研究に打ち込んだ。

解答例

(a) It's all right to throw yourself into soccer, but it is high time you got down to work on preparing for the entrance exam.

(b) He's throwing himself into the development of new products for the sake of his company.

(c) They threw themselves into the research on the greening of deserts.

N.B. 類似表現を確認しておきましょう。

Up to now he has devoted himself entirely to baseball.（彼はこれまで野球一筋の生活を送ってきた）

オートバイが故障し，自転車で間に合わせなければならなかった。

My motorbike broke down and I had to (　　) do with my bicycle.

　　(a) go　(b) stay　(c) make　(d) let

My motorbike broke down and I had to make do with my bicycle.

解答：(c)

make do with ～ は「（代用品など）で間に合わせる」「～で済ませる」を意味するセットフレーズです。

練習問題　次の日本文を英語に直してみましょう。

(a) 私たちはさしあたり自分たちが持っているもので間に合わせるしかないでしょう。

(b) 昨夜私たちは夕食をカレーライスで済ませました。

(c) バターがなかったので，マーガリンで間に合わせた。

解答例

(a) We'll have to make do with what we've got for now.

(b) We made do with curry and rice for supper last night.

(c) I didn't have butter, so I made do with margarine.

N.B. 次のような表現も確認しておきましょう。

① この箱を机の代用品として使ってください。

Use this box as a makeshift desk.

② それは間に合わせの手段に過ぎない。

That's just a stopgap measure.

③ ハンマーがなかったので，彼は石で間に合わせのハンマーを作った。

He didn't have a hammer, so he improvised a hammer out of a stone.

④ 彼らはなんとか予算内で間に合わせることができた。

They managed to make ends meet within their budget.

問56

そんなことにかまってなんかいられないよ。

I (　　) no time for that.

(a) spend　(b) pass　(c) have　(d) own

I have no time for that. 解答：(c)

　have no time for ～ は，「～のための時間がない」「～する時間［暇］がない」がその文字通りの意味であり，I have no time for reading. (読書する暇がありません) あるいは I had no time for a cup of tea yesterday. (昨日はお茶一杯飲む時間もなかったです) のように表現されます。しかし，上の問題文に見られるように，**have no time for ～** は「～のことなどかまっていられない」という感じで使うこともできます。

練習問題 次も日本文を英語に直してみましょう。

(a) この忙しい時に子供にかまってなんかいられないよ。

(b) ジョンは「今ある研究に打ち込んでいて，女性にかまってなんかいられないのです」と言った。

(c) そんな小さなことにかまってはいられない。

解答例

(a) I have no time for children [kids] at such a busy time.

(b) John said, "I have no time for women because I'm devoting myself to some research now."

(c) I have no time for such a trivial thing.

N.B. 次のような表現も確認しておきましょう。

① A: 何か飲み物でもいかがですか？　B: どうぞおかまいなく。

A: Would you like something to drink?　B: Please don't bother.

② あんまりその犬をかまっていると，噛みつかれるぞ。

If you play with the dog too much, you'll get bitten.

なんで私はあんなことやっちゃったのだろう。

I wonder what (　　) over me.

　　(a) came　(b) went　(c) set　(d) put

I wonder what came over me.　　　　　　　　　解答：(a)

　　come over ～ は，「（感情・病気などが）～を襲う」を意味します。**I wonder what came over me.** を直訳すると「何が私の所にやって来たのだろう」となりますが，やって来るものはマイナスのものであり，マイナスのものが私の所にやって来たのだがそれが何であるか分からないまま，それが原因でマイナスの行為を行ってしまった，という感じがこの文にはあるわけです。そこから，この文は「なんであんなことやっちゃったのだろう」と意訳することができます。come over ～ は，例えば，A deep sadness came over him for no reason.（わけもなく深い悲しみが彼を襲った），A sudden desire to steal the ring came over her.（その指輪を盗みたいという気持ちが突然彼女を襲った），あるいは Nausea came over me when I saw the scene.（その場面を見た時に吐き気が私を襲った）というふうに使われます。OALD には，I can't think what came over me. ＝I do not know what caused me to behave in that way. という説明がありますから，**I wonder what came over me.** の日本語訳として，やはり，「なんで私はあんなことやっちゃったんだろう」がふさわしいように思われます。

練習問題　次の日本文を英語に直してみましょう。

(a) どういうわけか憂鬱な気持ちが彼女を襲った。

(b) 昨日は私，どうかしていました。

解答例

(a) A feeling of gloom came over her for some reason.

(b) I don't know what came over me yesterday.

問 58

その手にひっかからないで。

Don't (　　) for that trick.

(a) hitch　(b) hang　(c) fall　(d) hook

Don't fall for that trick.　解答：(c)

fall for ～ には，fall in love with ～「～に恋する」「～に惚れこむ」「～に夢中になる」の意味と，be deceived by ～「～にだまされる」「～に一杯食わされる」の意味があります。fall in love with ～ の意味の fall for ～ を含む例を1つあげておきましょう。Shelly fell for Greg the first time she saw him. (シェリーは初めて会った時にグレッグのことを好きになった)

以下の練習問題では be deceived by ～ の意味の **fall for ～** を使った英文を作ってみることにしましょう。

練習問題　次の日本文を英語に直してみましょう。

(a) 彼があのよくあるおなじみの手口にひっかかるなんて思ってもいなかったよ。

(b) それがいつもの奴の手口なんだ。君はそれにまんまとひっかかったというわけだ。

(c) 彼女は子供だましのような手口にひっかかってしまった。

解答例

(a) I never expected him to fall for that old trick.

(b) It's the sort of stunt he always pulls. You fell for it, hook, line, and sinker.

(c) She fell for the kind of trick used to fool children.

N.B. その他，He fell right into the trap. (彼はまんまとわなに引っかかった)，She got into the clutches of a bad man. (彼女も悪い奴に引っかかったものだ) も確認しておきましょう。

その化学療法は効果がありますよ。

The chemotherapy is going to (　　　).

　　　(a) do　(b) work　(c) make　(d) hold

The chemotherapy is going to work.　　　解答：(b)

work が「仕事をする」「勉強する」「勤める」「勤務する」などを意味することは周知のことですが，「(計画・方法などが) うまく行く」「(感情などに) 作用する」「(薬・力などが) 効く」などの意味でもよく使われます。いくつか例をあげておきましょう。This medicine works like a charm. (この薬はとてもよく効きます)，Our plan worked like magic. (私たちの計画は不思議なほどうまく行きました)，The appeal worked powerfully on me. (その懇願は私の心に強く訴えかけた)

練習問題　次の日本文を英語に直してみましょう。

(a)　この薬を飲むとウソのように頭痛が止まりました。
(b)　警告が効いて，会社に遅刻する者が少なくなった。
(c)　きっとこの方法は見事にうまくいくと思います。

解答例

(a)　This medicine worked unbelievably on my headache.
(b)　The warning worked, and there were few people who arrived late at the office.
(c)　I'm sure this method will work like a charm.

N.B.「この薬は風邪に効きました」は This medicine worked for [on] my cold. のほかに，This medicine did the trick for my cold. や This medicine was effective against my cold. あるいは This medicine was good for my cold. と言うことも可能です。

問60

ケイトはわざわざ私のことを助けてくれました。

Kate (　　　) out of her way to help me.

　　(a) got　(b) came　(c) ran　(d) went

Kate went out of her way to help me.　　　　　　　解答：(d)

---

go out of one's way to ~ は，「to 以下のことをするために遠回りする」というのが文字通りの意味で，He went out of his way to take me home. (彼は遠回りして私を家まで送ってくれました) のように使われます。しかし，この言い回しは，比喩的に「わざわざ普通以上のことをする」「ことさら期待されている以上のことをする」ことを表します。He went out of his way to get the ticket for me. (彼はわざわざ私のためにそのチケットを手に入れてくれました)，You don't need to go out of your way to help me with my work. (あなたは無理して私の仕事を手伝う必要はありませんよ)，The professor went out of his way to deliberately give her a grade she did not deserve. (教授は故意に彼女の成績に下駄をはかせるように努めた) などが **go out of one's way to ~** の言い回しを含む例ということになります。

練習問題　次の日本文を英語に直してみましょう。

(a) 彼はわざわざ私に親切なことをしてくれました。
(b) 彼女は私が気楽にくつろぐように特別な努力をしてくれた。
(c) わざわざ私を車で駅まで送っていただく必要はありません。

解答例

(a) He went out of his way to do nice things for me.
(b) She went out of her way to make me feel at home.
(c) You don't have to go out of your way to drive me to the station.

第2章

形容詞，副詞，前置詞と無生物主語構文

この章では，形容詞，副詞，前置詞及び無生物構文などに関して見ていくことにしましょう。

馴染みの深い基本形容詞と基本副詞

英語学習の初期の段階で学ぶ基本形容詞と基本副詞を用いて，どのようなことが表現可能であるか，まず，観察することにしましょう。

(a) If something looks **too good to be true**, it probably is.

(b) **I'm good to go.** Let's do it.

(c) **She has a big mouth.** In other words, she talks a lot.

(d) **It's a small world.**

(e) **Easy come, easy go.**

まず (a) についてですが，**be too good to be true** は，人，物，あるいは事について，「話がうま過ぎて信用できない」「信じられないくらいいい話だ」あるいは，「夢みたいな話だ」ということを表すのに用いられる決まり文句です。したがって，(a) は，「もし何かが信じられないほどいい話のようなら，それは十中八九信用できない」を意味します。何かあまりにもでき過ぎた話を聞いた時には，このフレーズを使って，It sounds too good to be true. あるいは，It seems too good to be true. を用いて返すことができるわけです。

(b) においても，馴染みのある単語しか使われていませんが，**be good to go** は，「用意［準備］ができている」ことを言い表します。ですから，(b) は，「用意はできているよ。それをしましょう」を意味します。もう1つ例あげておきましょう。Just input your current password and click Remove Password, and you're good to go. (あなたの現在のパスワードを入力し，Remove Password をクリックしてください。それで，準備が整ったことになります)

また，もし，例えば，病院かどこかで何かの理由で待たされていたが，その場を立ち去ってもよい状況になり，誰かに You're good to go. と言われたら，それは「行ってもいいですよ」を意味することになり，その場から立ち去ることができるということになります。

(c) の **a big mouth** は，文字通りには「大きな口」ということになるのですが，この意味に加えて，「おしゃべり」を意味します。ただし，単に「おしゃべり」というよりも，余計なことまで話し秘密を守れないので，信用できないという含みが **a big mouth** にはあります。ですから，(c) は「彼女はおしゃべりだ」を意味するわけですが，否定的な響きを伴うわけです。同じ内容は，She's a big mouth. と表現することもできます。

(d) は，「世間は狭い」「世の中狭いね」「世間は（広いようで）狭い」の意味でよく使われる表現です。このままの形で決まり文句的に記憶しておくとよいでしょう。OALD によると，**It's a small world.** に関して，(saying) used to express your surprise when you meet sb you know in an unexpected place, or when you are talking to sb and find out that you both know the same person. と説明されています。この説明から，この表現がどのような場面で用いられるか分かると思います。例文をあげておきましょう。Oh, hi, Tom. Fancy meeting here. It's a small world, isn't it? (おお，やあ，トム。こんなところで会うなんて奇遇だね。世間は狭いよね)

(e) は，「得やすいものは失いやすい」あるいは「悪銭身につかず」に対応する英文です。これは，ことわざですが，くだけた話し言葉として用いられます。この言い回しは，お金，仕事，あるいは恋人などが，もし簡単に手に入ったとしたら，簡単にそれを失ってしまうものだ，ということを述べています。例えば，Bob won two thousand dollars in the public lottery, but he spent all the money only in a week or so. **Easy come, easy go.** (ボブは宝くじで2千ドル当たったけれど，そのお金を全部一週間かそこらで使ったんだ。悪銭身につかずというやつだね)

以上のように，形容詞の good, big, easy, small のような基本単語を他の語とうまく組み合わせることによって，便利な口語表現を作ることができることが確認できました。

以下で，さらに，馴染みの深い形容詞と副詞を含む例を見ておくことにしましょう。

(f)　Rock **leaves me cold**, but I love jazz.

(g)　He was **dead** drunk

(h)　She turned my offer down **flat**.

(i) You **have blown hot and cold** too often.

(j) He **stopped short of** condemning her in blunt terms.

　(f) は，「ロックには興味がないけど，ジャズは大好きです」を意味します。**leave ～ cold** は「～には興味がない」「～に感動を与えない」「感心しない」「気乗りがしない」を意味する決まり文句です。すると，「その美術館を訪ねる話にナンシーは気乗りがしなかった」を英語に直すと，The plan to visit the art museum left Nancy cold. と表現できます。

　(g) の **dead** は，形容詞ではなく副詞であり，「全く」「すっかり」「完全に」を意味します。したがって，(g) は「彼はべろんべろんに酔っていた」「彼は泥酔していた」を意味します。そのほか，I'm **dead** serious. は「私は大まじめだ」，She's **dead** right. は「全く彼女のいう通りだ」，He's **dead** broke. は「彼はすってんてんだ」を意味するといった具合です。

　(h) は，「彼女は私の申し出をきっぱりと断った」を意味します。副詞の **flat** は「きっぱりと」「はっきりと」を意味します。ただし，この意味の副詞としては，flat よりもむしろ flatly の形が多用されているようです。したがって，She flatly refused my offer. のような表現のほうが頻度は高いようです（p. 11 参照）。

　(i) は，「あなたはあまりにも頻繁に意見がぐらつき過ぎだ」を意味します。この文の中の **blow hot and cold** は，「態度が一貫しない」「意見がぐらつく」「気持ちが揺れる」を意味する慣用表現です。すると，「彼女は彼の申し出を受けるかどうか気持ちが揺れに揺れた」は，She blew hot and cold over whether to accept his offer or not. のように表現できます。

　(j) は，「彼はぶっきら棒に彼女を非難することまではしなかった」という内容を述べています。この文の中の **stop short of ～** も慣用表現で，「～（すること）までには至らない」「～まではしない」「～することを思いとどまる」を意味します。もう一例あげておきましょう。The boss stopped short of firing him. (社長は彼を首にすることまではしなかった)

　以上のように，馴染みの深い形容詞や副詞を用いて，様々なことが言えることを見ましたが，以下では，問題形式で，さらに形容詞と副詞を含む表現を観察することにしましょう。

問1

あなたは私のことを誤解しています。

You've got me (　　).

    (a) wrong　(b) misunderstanding　(c) incorrect　(d) unjust

You've got me wrong.	解答：(a)

　この表現以外に何かについて思い違いや誤解をしている相手には，You've got it wrong.（あなたは誤解しています）と表現することもできます。You've got it all wrong. のように all が wrong の前に置かれると，意味が強くなり「それはとんでもない思い違いだ」という感じになります。

　以上のように，「**get＋目的語＋wrong**」を用いて，「～を間違う」「～を誤解する」の意味を表現することができます。

練習問題　次の日本語を英語に直してみましょう。

(a) 彼は道を間違えました。

(b) 時間を間違えちゃった。

(c) 計算を間違えた。

解答例

(a) He got the route wrong.

(b) I got the time wrong.

(c) I got the arithmetic wrong.

N.B.　番号を間違えて電話をしてきた相手に，番号が違っていることを言うには，You've got the wrong number. また，うっかり違う電車やバスに乗ってしまったら，I got on the wrong train [bus] by mistake. また，妹と一緒にいるところを恋人と一緒にいたと勘違いした相手に対しては，「あれは僕の妹だよ。変に気を回さないでよ」のような表現が考えられますが，これは，She's my little sister. Don't get the wrong idea about us. が対応します。

問2

すぐに戻るからね。

I won't be (　　　).

(a) late　(b) long　(c) early　(d) soon

I won't be long.	解答：(b)

　問題文の日本語に対応する英語には，I'll be back soon. や I'll return soon. などがありますが，**I won't be long.** もあります。主語が人間の場合だけではなく，物の場合には，例えば，「朝食の用意はすぐにできます」は，Breakfast won't be long. で表現されます。また，形式主語の it を立てた，It won't be long before the math exam.（数学の試験はもうすぐです）や It won't be long before she gets rid of her cold.（彼女はもうじきかぜが治るでしょう）のような表現もよく用いられます。次の練習問題ではこの it won't be long を用いた英文を作ってみることにしましょう。

練習問題　次の日本文を英語に直してみましょう。

(a) 彼はもうすぐ成人になります。

(b) A: 夕飯はまだ？　B: もうすぐだよ。

(c) もうじきクリスマスです。

解答例

(a) It won't be long before he comes of age.

(b) A: Isn't dinner ready yet?　B: It won't be long.

(c) It won't be long before Christmas.

N.B.「もうじきクリスマスです」は，Christmas is just around the corner. とも表現できます。just around the corner は，比喩的に，「すぐに」「じきに」の意味でよく用いられています。したがって，「～はもうすぐです」は ～ is just around the corner で表現されます。例えば，The deadline is just around the corner.（締切が差し迫っている）をあげておきます。

問3

あとどれくらい待たなければいけませんか？

How much (　　　) do I have to wait?

　　　(a) longer　(b) later　(c) sooner　(d) earlier

How much longer do I have to wait?　　　　　解答：(a)

　誰かに何かで待たされるような場面で，なかなか自分の番が回ってこないような時に，「あとどれくらいですか？」と尋ねる表現は，How much longer? となります。「あとどれくらいで用意ができますか？」なら，**How much longer** will it take before it's ready? で表現できます。ちなみに，「It + takes + ((for) 人) + 時間 + to-不定詞」は，「～するのに（人に）～かかる」を意味する構文でお馴染みだと思います。例えば，「その仕事を終えるのに5時間かかりました」を英訳してみると，It took me five hours to finish the job. となります。

練習問題　次の日本文を英語に直してみましょう。

(a) 今後どれくらいこのような生活をしなければならないのだろう？

(b) あとどれくらいで空港に着きますか？

(c) この悪天候があとどれくらい続くのか分かりません。

解答例

(a) How much longer will I have to lead such a life?

(b) How much longer will it take for us to get to the airport?

(c) I'm not sure how much longer this bad weather will go on.

N.B. 以下のような表現も確認しておきましょう。

① 彼らの到着まであと何時間かかりますか？

　　How many more hours will it take before they arrive?

② その曲が弾けるようになるまであと何年ピアノを練習しなければならない？

　　How many more years do I have to practice the piano before I can play the tune?

問4

A: 調子はどう？　　B: 最高だね。

A: How are you?　B: Couldn't be (　　　).

　　　(a) bad　(b) worse　(c) well　(d) better

A: How are you?　B: Couldn't be better.	解答：(d)

　決まり文句的に体調などが「最高である状態」を表現するのが **Couldn't be better.** です。これを直訳すると「さらに良いという可能性はないだろう」となりますから，「これ以上良いということはないだろう」ということであり，結局，「最高だね」と意訳することができるというわけです。この表現は，何かが最高の状態にあることを言い表し，具体的には，体調がすこぶる良い時，あるいは，現在取り組んでいることなどが問題なく順調に進んでいることの表明に用いられます。また，「couldn't be ＋ 比較級の形容詞」あるいは「couldn't be ＋ more ＋ 形容詞」のパターンを利用するといろいろな表現の可能性が広がります。例えば，「最高に幸せです」は I couldn't be happier.，「これ以上良いタイミングはない」は It couldn't be more timely.，さらに，「迷惑なことこの上ない」は It couldn't be worse than this. といった具合です。

練習問題　次の日本文を英語に直してみましょう。

(a) 私たちに子供が生まれてこれ以上の喜びはありません。
(b) 彼は政治家として最低だ。
(c) 私の人生は最高だ。

解答例

(a) We couldn't be more thrilled that we've had a baby.
(b) He couldn't be worse as a politician.
(c) My life couldn't be better.

早ければ早いほどいいです。

The sooner, the (　　).

　　(a) more　(b) better　(c) greater　(d) happier

The sooner, the better.　解答：(b)

　The sooner, the better. のような「the＋比較級，the＋比較級」は，「～であるほど，ますます～である」ことを言い表す頻度の高い便利表現です。この表現は，例えば，A: When do you need the book? （いつその本が必要ですか？）B: The sooner, the better. （早ければ早いほどいいです）のように用いられます。このパターンを利用して，「多ければ多いほどいい」なら The more, the better.，また，「スミス氏は8月に93歳になられます。彼は老いてますます盛んです」は Mr. Smith will be 93 years old in August. The older he gets, the more energetic he becomes. と表現されます。

練習問題　次の日本文を英語に直してみましょう。

　(a) 私のおじいさんは年をとるにつれて，だんだん温厚になりました。
　(b) より長く勉強をすればするほど，ますます点が取れるものだ。
　(c) もっと練習すれば，もっと上手になる。

解答例

　(a) The older my grandfather grew, the milder he became.
　(b) The longer you study, the more points you can get.
　(c) The more you practice, the better you become.

N.B.　「それを聞いて，ますます彼女に会いたくなった」は Hearing it, I became all the more inclined to see her.，「彼女はますますきれいになってきている」は She's getting more and more beautiful.，「近頃はますます世の中が世知辛くなってきている」は Things are getting tougher and tougher these days. のように表現できます。

問6

何とお礼を申し上げたらよいでしょう。

I can't tell you how (　　) I am.

    (a) appreciative　(b) pleasing　(c) rewarding　(d) respectful

---

I can't tell you how appreciative I am.　　　　　　　　　　解答：(a)

I can't tell you how appreciative I am. の文字通りの意味は，「私は自分がどれほど感謝しているかあなたに言葉では表せません」ですが，「何とお礼を申し上げたらよいでしょう」という感じでこの英文を用いることができるでしょう。形容詞 appreciative は，改まった感じで用いられ，例えば，「あなたのご援助に対して深く感謝しています」は，I'm deeply appreciative of your help. となります。つまり，be appreciative of ～ の形は，「～に対してありがたいと思う，感謝する」を意味するというわけです。

[練習問題]　次の日本文を英語に直してみましょう。

(a) 彼女はあなたの骨折りに感謝していました。
(b) 私はあなたのご親切に対していつもありがたく思っています。
(c) 彼はあなたの適格な助言を心から感謝しておりました。

[解答例]

(a) She was appreciative of your efforts.
(b) I'm always appreciative of your kindness.
(c) He was sincerely appreciative of your appropriate advice.

N.B.　実際，動詞の appreciate は，改まった調子でよく用いられています。この動詞を用いると，「あなたのご援助に感謝いたします」は，I appreciate your help. となります。このほか，同じ内容を別の英語で表現してみると，I'm very thankful for your help. あるいは I'm very grateful to you for your help. となります。このように，be thankful for ～ や be grateful to 人 for ～ のパターンもよく用いられます。

警察はまるまる5日間ぶっ通しで彼に尋問した。

The police questioned him for five days (　　　).

　　　(a) tight　(b) solid　(c) endless　(d) unstoppable

The police questioned him for five days solid.　　　解答：(b)

　solid は，「固体の」「固形の」を意味し，a solid body（固体），solid fuel（固形燃料），a solid plan（しっかりとした計画）のような表現が馴染み深いように思われます。しかし，くだけた使われ方として「(時間が) 連続した，切れ目なしの，まるまる」の意味で **solid** が使われます。この場合，**solid** は，時間を表す名詞の前だけでなく後でも用いることができます。前者の例として，two solid weeks，後者の例として，two weeks solid をあげておきます。ただし，前者のような言い回しの方が頻度は高いようです。

練習問題　次の日本文を英語に直してみましょう。

(a) 今朝は3時間ほどぶっ通しで雨が降った。
(b) 彼女は2時間ぶっ通しでボーイフレンドのことを話した。
(c) 彼らはまる3週間続けて野球の練習をした。

解答例

(a) It rained for about three solid hours this morning.
(b) She spoke about her boyfriend for two solid hours.
(c) They practiced baseball for three weeks solid.

N.B.「今日彼は3時間ぶっ続けでフランス語の特訓を受けた」は He got three straight hours of special training in French today.,「彼女は2時間歩きっぱなしだ。きっと疲れているに違いない」は She's been walking for two hours straight. She must be tired.,「3日続けて雪が降った」は It snowed for three days on end. のように表現できます。

問8

A: 試合はどうだった？　　B: ただのありきたりの試合だったね。

A: How was the game?　B: That was just (　　) game.

　　(a) one　(b) none　(c) a　(d) another

A: How was the game?　B: That was just another game.　解答：(d)

　形容詞である another は，「もう1つの」「もう一人の」を意味し，Would you like another cup of coffee?（もう一杯コーヒーをいかがですか？），I don't like this bag. Show me another one.（このかばんは気に入りません。別のを見せてください）あるいは，They say they want to have another baby.（彼らはもう一人赤ちゃんがほしいと言っています）のような表現がお馴染みでしょう。しかし，問いに見られる英文の **just another ~** は，「ありふれた~」「通りいっぺんの~」「月並みの~」を意味する決まり文句なので注意を要します。

練習問題　次の日本文を英語に直してみましょう。

(a) 彼の意見ではそれはありふれたギャング映画だそうだ。

(b) A: 今日の会議はどうだった？　B: 月並みの会議だったよ。

(c) 彼はどこにでもいるような作家だと私は思いますね。

解答例

(a) In his opinion, it is just another gangster movie.

(b) A: How was today's meeting?　B: That was just another meeting.

(c) I think he's just another writer.

N.B.「ありふれている」ことを意味する別の表現も確認しておきましょう。

①　その小説はありふれた恋愛物語だ。

　　The novel is a run-of-the-mill love story.

②　それはありきたりのアイデアだと思うね。

　　I'm afraid that's a commonplace idea.

問9

この部屋はとても涼しいですね。

This room is (　　) and cool.

　　(a) right　(b) pleasing　(c) nice　(d) just

This room is nice and cool.　　　　　　　　　　　　解答：(c)

　「**nice and 形容詞**」は，いい意味で「十分に〜である」「とても快く〜である」「非常に〜である」ことを表します。This meat is nice and thick. は「この肉は十分に厚みがある」，This cabin is nice and cozy. は「この小屋は非常に居心地がいいです」といった具合です。nice and がまるで副詞の very のように使われている面白い表現が「**nice and 形容詞**」ということになります。

練習問題　次の日本文を英語に直してみましょう。

(a) あなたはとても健康そうですね。
(b) 今日はとても暖かいですね。
(c) お風呂はいい具合に熱かったです。

解答例

(a) You look nice and healthy.
(b) It's nice and warm today.
(c) The bath was nice and hot.

N.B. アメリカ英語では「good and 形容詞 or 副詞」も，「とても〜」「すごく〜」「非常に〜」の意味で用いられます。しかし，nice が用いられている型は，「好ましい」「気持ちがいい」「快適である」といったニュアンスを伝えるのに対して，good が用いられている型は，単に後に続く形容詞（副詞）を強調するのに用いられます。I was good and drunk. は単に「すごく酔った」ことを表しますが，I was nice and drunk. は「気持ちよく酔った」ことを表すわけです。また，good and hard は「ものすごく激しく」を意味し，She hit him good and hard. は「彼女は彼を力一杯たたいた」ことを言い表します。

問10

彼女は自分の仕事に満足しているようだ。

She seems to be (　　) with her job.

　　(a) satisfactory　(b) gratifying　(c) happy　(d) grateful

She seems to be happy with her job.　　　　　　　　　　解答：(c)

happy が「うれしい」を意味することは言うまでもありませんが，この形容詞は，「満足して」の意味で satisfied, content あるいは contented と同義で用いられることがあります。

練習問題　次の日本文を英語に直してみましょう。

(a) 彼女の上司は彼女の仕事の仕方に満足していない。

(b) あなたは現在の労働条件に満足していますか？

(c) 彼はその結果に満足だった。

解答例

(a) Her boss isn't happy with the way she does her work.

(b) Are you happy with your working conditions?

(c) He was happy with the outcome.

N.B. 「満足な様子」を表す別の表現を確認しておきましょう。

① 彼女は現状に満足していないようだ。

　　She doesn't seem to be satisfied with the status quo.

② 彼はその結果に満足している。

　　He's gratified with the result.

③ 私は現在の仕事に満足しています。

　　I'm contented with my present job.

④ 彼の仕事は部長には満足のいくものではないらしい。

　　I hear his work is not satisfactory to the manager.

A: お水を一杯いただけませんか？

B: 炭酸入りでないほうですか，それとも炭酸入りですか？

A: Could I have a glass of water?　B: (　　　) or sparkling?

　　(a) still　(b) fizzy　(c) twinkling　(d) calm

A: Could I have a glass of water?　B: Still or sparkling?　　　解答：(a)

　形容詞 **still** の第一義は，「静止した」「動かない」「じっとしている」で，この形容詞は He kept still until his pursuer had passed by. (彼は追っ手が通り過ぎるまでじっとしていた) あるいは He stood perfectly still so as not to frighten away the crane. (彼はその鶴を驚かせて追っ払ってしまわないようにまったく動かずにいた) の例に見られるように用いられます。また，**still** は，「静かな」「(場所などが) 音のない」「(人が) 黙りこくった」の意味で，The street of stores was completely still though it was still seven o'clock. (その商店街はまだ7時にもかかわらず，静まり返っていた) あるいは When the boss came in angrily, all the employees became absolutely still. (社長が怒って入って来ると，従業員全員がしーんとなった) のように使われます。しかし，**still** には「(飲み物が) 発泡性でない」つまり「炭酸が入っていない」の意味もあります。ちなみに，「発泡性の」「シューシュー泡立つ」は fizzy が対応します。a fizzy drink は，通常，子供向けの「発泡性飲料」を意味します。また，「炭酸飲料」は fizzy drinks あるいは carbonated beverages が対応します。

練習問題　次の日本文を英語に直してみましょう。

(a) この小学生の子供には炭酸が入っていない飲み物をあげてください。

(b) 彼女は炭酸の入っていない飲み物が好きです。

解答例

(a) Give a still drink to this elementary-school kid.

(b) She likes still drinks.

問 12

彼女は感情が高ぶって声がかすれていた。

Her voice was (　　) with emotion.

　　(a) thick　(b) thin　(c) unsteady　(d) rough

Her voice was thick with emotion.　　　　　　解答：(a)

　thick の第一義は，「厚い」であり，a thick coat（厚手のコート）や a wall six inches thick（厚さ6インチの壁）などの表現は馴染みがあるでしょう。また，a thick line（太い線）のように「太い」の意味で，あるいは，thick fog（濃霧）や a thick soup（濃厚なスープ）などの表現もよく知られていると思います。しかし，問いの英文に見られるように，**thick** には「（声が）しわがれた」「（声が）かすれた」の意味もあります。この形容詞は，OALD では，deep and not as clear as normal, especially because of illness or emotion と定義されています。つまり，病気や感情の高まりで声が太くて低く不明瞭に響くようなかすれた声のことを a thick voice というわけです。

練習問題　次の日本文を英語に直してみましょう。

(a) 彼女の声は涙でかすれていた。
(b) 彼の声は彼女と別れる悲しみでかすれていた。
(c) 彼はかすれた声で私に話した。

解答例

(a) Her voice was thick with tears.
(b) His voice was thick with the sadness of parting with her.
(c) He spoke to me in a thick voice.

N.B.　声がかすれていることを表す形容詞には husky もあり，His voice sounded husky.（彼の声はしゃがれていた）や She spoke in a husky voice.（彼女はかすれた声で話した）などのように表現されます。この husky には悪い意味合いはなくむしろ魅力的であるという響きがあります。

問 13

彼ったらすごく要求が激しくなってきたのです。

He was getting (　　) too demanding.

　　(a) very　(b) much　(c) way　(d) extremely

He was getting way too demanding.　　　　　　　解答：(c)

　問いの日本語は，**He was getting way too demanding.** で表現できます。これは，つき合い始めたばかりの時期は彼にも遠慮があったけれど，つき合っていくうちにだんだんと彼女に対する要求が出て来て，ついには過度に彼の彼女に対する要求が強くなってきたような場合の表現としてぴったりな感じの表現です。この表現には，**way** が用いられていますが，この単語は名詞の way とは全く無関係であり，away の a が脱落した副詞です。つまり，これは，「すごく」「えらく」「はるかに」「とことん」「全面的に」「遠くに」などを意味する副詞というわけです。実際，この単語は，くだけた口語で頻繁に用いられており，よく見たり聞いたりする副詞です。この副詞が用いられている例として，My guess was **way** off. (私のてんで見当違いだった)，His calculations were **way** off base. (彼の計算はまるで間違っていた)，The math exam was **way** over my head. (その数学の試験は全く歯が立たなかった) などをあげておきます。

練習問題　次の日本文を英語に直してみましょう。

(a) 彼女はすごくずうずうしくなってきたのです。

(b) その赤ちゃんはすごくかわいくなってきています。

(c) 彼の熱がすごく高くなってきています。

解答例

(a) She was getting way too cheeky.

(b) The baby is getting way cuter.

(c) His fever is getting way higher.

問 14

彼は 94 回目の誕生日まであとちょうど 3 日だった。

He was just three days （　　　） from his ninety-fourth birthday.

　　(a) within　(b) out　(c) away　(d) across

He was just three days away from his ninety-forth birthday.

解答：(c)

　away from ～ は「～から離れて」を意味し，英文全体の直訳は「彼はちょうど彼の 94 番目の誕生から 3 日離れていた」となり，意訳すると問いの日本文のようになるでしょう。このような表現は，英語独特の表現であると言えます。元来，**away from ～** は，物理的に「～から離れて」という意味で用いられていたものが比喩的に使われるようになっており，上の問いの英文がその例に当てはまることになります。

練習問題　次の日本文を英語に直してみましょう。

(a) 彼らは結婚式までほんの 1 週間です。

(b) 私たちはあと 2 か月で 28 回目の結婚記念日を迎えます。

(c) あなたたちはあと 3 週間足らずで卒業ですね。

解答例

(a) They're just a week away from their wedding.

(b) We're two months away from our twenty eighth wedding anniversary.

(c) You're less than three weeks away from your commencement ceremony.

N.B.　次のような表現も確認しておきましょう。

① 締め切りまでまだ時間はたっぷりあります。

There's still plenty of time until the dead line.

② 次の列車まで 30 分あります。

It's half an hour until the next train.

問 15

> その出来事はかなり前に起こりました。
>
> The event took place (　　) a while ago.
>
> 　　(a) bit　(b) long　(c) quite　(d) rather

The event took place quite a while ago.	解答：(c)

　a while ago だけなら「しばらく前に」を意味するのですが，quite を付け足して **quite a while ago** とすると「かなり前に」「ずいぶん前に」を意味しますから注意が必要です。これを別の英語で表現すれば，very long ago ということになります。同様に，a few が単独で用いられるなら，「少しの」「少数の」を意味します。しかし，実際，a few の前に quite が置かれて quite a few となると，「かなり多くの」を意味します。また，a bit だけなら「わずかな」「少しの」を意味しますが，やはり quite が a bit の前に置かれて quite a bit となると，「かなり」「相当に」を意味することになります。

練習問題　次の日本文を英語に直してみましょう。

(a) もうかなり長い間泳いでいないです。
(b) かなりたくさんの人がそのパーティーにやって来た。
(c) 彼は相当お酒を飲むようだ。

解答例

(a) It's been quite a while since I swam last.
(b) Quite a few people came to the party.
(c) It seems that he drinks quite a bit.

N.B.　次のような表現も確認しておきましょう。

① 彼はかなりたくさんの量のウイスキーを飲んだ。
　　He drank quite a large amount of whisky.
② それはかなり前のことです。
　　That was a pretty long time ago.

問16

A: 何本赤鉛筆が必要ですか？　　　　B: 8本ぐらいです。

A: How many red pencils do you need?　B: (　　) eight.

　　(a) maybe　(b) perhaps　(c) probably　(d) possibly

A: How many pencils do you need?　B: Maybe eight.　　解答：(a)

　文を修飾する副詞として，**maybe** が「たぶん」「もしかすると」の意味で用いられることが圧倒的に多く，Maybe it will be fine tomorrow. (たぶん明日は晴れるでしょう) や Maybe he will come to the party. (もしかすると彼はそのパーティーに来るかもしれません) のような例が一般的でしょう。しかし，**maybe** は，「およそ」「だいたい」「… ばかり［ぐらい］」の意味で用いられることがあります。この場合，**maybe** は数字の前で用いられます。

練習問題　次の日本文を英語に直してみましょう。

(a) およそ2千ドル費用がかかるでしょう。

(b) A: 何名が彼らの披露宴に来ますか？　B: 80名くらいでしょう。

(c) A: 何冊本を買いたいの？　B: 3冊ばかり。

解答例

(a) It'll cost maybe $2,000.

(b) A: How many people will come to their wedding reception?
　　B: Maybe eighty.

(c) A: How many books do you want to buy?　B: Maybe three.

N.B. 「およその見積もりを出していただけませんか？」は Could you give me an approximate estimate?,「おおよその数字を教えてください」は Please give me a ballpark figure.,「だいたいの話はそんなところです」は That's roughly what happened.,「私の意見もだいたい彼らと同じです」は My opinion is about the same as theirs. と表現できます。

問 17

A: 今何時ですか？　　　B: もうすぐ 11 時です。

A: What time is it now?　B: It's (　　) eleven.

　　(a) soon　(b) almost　(c) quickly　(d) briefly

A: What time is it now?　B: It's almost eleven.　　　解答：(b)

almost は「ほとんど」「ほぼ」の意味で，Almost all her family are hard workers.（彼の家族はほとんどみんなが努力家だ），She ran almost 10 miles.（彼女はほぼ 10 マイルを走った），あるいは，「もう少しで」の意味で He was almost late for the meeting.（彼はもう少しで会議に遅刻するところだった）のように用いられます。しかし，It's almost eleven. のような例文に関しては，**almost** を「もうすぐ」と訳したほうが自然に響く場合もあります。

[練習問題]　次の日本文を英語に直してみましょう。

(a) もうすぐハロウィーンですね。
(b) もうすぐ春ですね。
(c) もうすぐ夕食の時間です。

[解答例]

(a) It's almost Halloween.　(cf. Halloween is almost upon us.)
(b) It's almost spring.
(c) It's almost dinner time.

[N.B.] 次のような表現も確認しておきましょう。

① 入学試験はもうすぐです。
　　The entrance exam is near [close] at hand.
② 彼女はもうすぐ 23 歳になります。
　　She is nearly twenty three.
③ もうすぐ彼女は完全に回復するでしょう。
　　It won't be long before she recovers completely.

問18

彼はほとんど一晩中起きていた。

He stayed awake (　　) all night.

　　　(a) mostly　(b) hardly　(c) scarcely　(d) practically

He stayed awake practically all night.　　　　　　　解答：(d)

practically の第一義は「実際的に」「実際的方法で」「実際的見地から」で，practically speaking（実際的に言えば），You should view your present situation practically.（実際的観点から現状を見るべきです）のように用いられます。また，virtually（実質上，事実上）と同じ意味もあり，The insurance company was practically in the red last year.（昨年その保険会社は事実上赤字だった）あるいは The information turned out to be practically useless.（その情報は事実上役に立たなかった）のように使われます。また，話し言葉として，almost や nearly と同じ「ほとんど」の意味でよく用いられています。この意味で **practically** が用いられる場合，修飾する語の前に置かれます。

練習問題　次の日本文を英語に直してみましょう。

(a) 彼が出て行った後，彼の部屋にはほとんど何も残っていなかった。
(b) A と B の間にはほとんど違いはありません。
(c) そのなくした財布を見つけるのはほとんど不可能だ。
(d) 昨日はほとんど一日中雪が降った。

解答例

(a) After he left, there was practically nothing left in the room.
(b) There is practically no difference between A and B.
(c) It's practically impossible to find the missing purse.
(d) It snowed practically all day yesterday.

様々な前置詞の使い方

　ここで便利な前置詞の使い方について見ておくことにしましょう。英語の学習者を悩ませる1つの事項に前置詞があげられると思います。特に，話し言葉で，どのように前置詞が使われているのか観察しておくことにしましょう。

(a)　A: You decided to major in English literature because you're interested in Shakespeare, right?
　　　B: I guess that's **about** it.
(b)　His lecture was **above** my head.
(c)　Are you going to the convenience store? Can you get me a ballpoint pen while you're **at** it?
(d)　He's **between** jobs right now, so he needs to find a new job.
(e)　It is **beyond** me why he was chosen as vice president.

　(a) の A と B のやりとりを日本語に訳すと，「A: シェイクスピアに興味があるから英文学を専攻することに決めたのですね？ B: まあ，そんなところです。」となります。B の発話の中の **that's about it** は，この形でそのまま記憶しておく必要がありますが，このフレーズは，「だいたいそんなものです」「だいたいこんなところでしょう」という感じで用いられます。このフレーズは，話の締めくくりをする時や，仕事を切り上げる時に使われる決まり文句でもあります。したがって，「まあ，今日のところはだいたいこんなところです」は，That's about it for today. となります。

　(b) は，「彼の講義は理解できなかった」を意味します。直訳すると「彼の講義は自分の頭の上にあった」となりますが，これは理解することができなかったことを比喩的に述べているわけです。実際，「**be above＋名詞**」の形で，様々な表現が可能であり，be above oneself（思い上がっている），be above reproach（非難できない），be above reason（理屈で割り切れない）などといった具合です。

　(c) は，「コンビニに行くの？ ついでにボールペンを買ってきてくれない？」を意味します。「**while 人 be at it**」は「ついでに」という感じで用いることができます。すると，「ついでにもう一例あげておきます」は，While I'm at it, let me give you one more example. となります。

(d) に関してですが，**be between jobs** は，be unemployed と同義で，「失業中である」を意味します。**be between jobs** を用いたほうが，直接的に unemployed を用いるよりも配慮のある感じが伝わってきますので，(d) のような表現も心得ておくべきだと思います。

(e) は，「なぜ彼が副社長に選ばれたのか私には分からない」を意味します。(e) のような構文を用いて，「〜には … が理解できない」ことを表現できます。もう一例あげておくことにしましょう。It is totally beyond me how she can survive on 200 calories a day. (1 日に 200 カロリーでどうして彼女が生き続けられるのか私には全く分からない)

以上のように，前置詞を上手に用いることでいろいろなことが表現可能であることを見ましたが，さらに，別の前置詞について観察してみましょう。

(f)　I'm **for** her proposal to change the plan.

(g)　You are **in fo**r a huge treat today.

(h)　The dinner is **on** me.

(i)　He's been **through** a lot over a long period.

(j)　Tomorrow is the deadline, so I've got to get **with** it.

(f) を訳すと，「私はその計画を変更すべきとする彼女の提案に賛成です」となります。実際，**be for 〜**（〜に賛成である）は，日常レベルで頻度が高いと思われます。「〜に大賛成である」ことは be all for 〜 で表現されますから，例えば，「私はこの計画に大賛成です」は I'm all for this plan. となります。ちなみに，「〜に反対です」は **be against 〜** です。すると，「あなたは私の提案に賛成ですかそれとも反対ですか？」は，Are you for or against my suggestion? と表現できます。

(g) に見られる **be in for 〜** は決まり文句で，「(必ず) 〜を経験することになる」「〜な目にあうことになる」「(必ず) 〜を味わうことになる」を意味します。したがって，(g) は「今日はきっとすごく楽しいはずですよ」「今日はきっとすごくいいことがあるはずですよ」ということを述べていることになります。実際，**be in for 〜** の for の後には，a disappointment, a fight, a real problem, a sad life, hard times, a shock, trouble など好ましくない内容を表す語がくることが多いようですが，(g) のように好ましい内容の語がくることもあります。もう一例追加しておきましょう。You're in for a sweet surprise.

（きっと思いもよらない楽しいことがあるよ）

（h）は，「ディナーは私のおごりです」を意味する馴染みのある表現でしょう。「～は私のおごりです」は ～ is on me で It's on me. や Dinner is on me. のような表現が可能です。ちなみに，動詞 buy や treat を用いて，例えば，「お昼は私がおごってあげましょう」は，I'll buy you lunch. あるいは I'll treat you to lunch. と言うこともできます。

（i）を訳すと，「彼は長期間に渡ってさまざまな辛酸をなめてきた」となります。（i）のように，**through** には「経験」の意味を表す用法がありますが，普通は，何か辛いことや困難なことを経験することを述べる際に用いられます。もう一例あげておきましょう。My family has been though a lot, but we have survived. (私たち家族はいろいろと苦労してきましたが，生き残れています)

（j）は，「締め切りは明日だ。だから，気合を入れてやらなくては」を意味します。**get with it** は「気合を入れてやる」「身を入れてやる」「真剣に取り組む」という意味を表す決まり文句です。このフレーズの it は，その場その場でやるべきことを表します。もう一例 Now don't start lazing around, Mike. Let's get with it. (さあ，だらだらし始めないで，マイク。締まっていこうぜ) をあげておきましょう。**get with it** には，もう1つの意味「流行に遅れないでついて行く」「今風になる」「時代に遅れないようにする」があり，普通，命令形で用いられます。

これまで，便利な前置詞の使い方を少しばかり見てきましたが，以下では，問題形式でさらに前置詞の使い方を見ていくことにしましょう。

問19

私の話が分かりますか？

Are you (　　) me?

(a) on　(b) with　(c) in　(d) along

Are you with me?　　　　　　　　　　　　　　　　　　解答：(b)

　すぐに Do you understand what I'm saying? あるいは Do you get what I've said? のような表現が思い浮かぶかもしれませんが **Are you with me?** もあります。直訳は「あなたは私と一緒にいますか？」ですが，**be with** は「（人の話を）理解する」「（人の話に）ついていっている」を意味します。つまり，自分の話を分かってくれているかどうか確かめるために，**Are you with me?** と話し手は相手に尋ねるわけです。例えば，授業で先生は生徒や学生に自分の話が理解されているかどうか尋ねるような場面を想像するとよいでしょう。

練習問題　次の日本文を英語に直してみましょう。

(a) みなさん，ここまで私がお話したことはお分かりですか？
(b) 彼の話したことがはっきり理解できません。
(c) あなたが私の話を分かってくれていればいいのですがね。

解答例

(a) Are you with me on what I've said so far?
(b) I'm not quite with him.
(c) I wish you were with me.

N.B.　実際，be with は，「～を支援している，～に賛同している」の意味で用いられることもあり，「マイク，心配するな。僕達がついているからな」は Don't worry, Mike. We're all with you. のように表現できます。また，be with には「～に勤めている」を意味することもあり，「私は B 社に勤めていましたが，今は A 社に勤めています」を英訳すると，I used to work for Company B, but I'm with Company A now. と表現することができます。

私たちの子供たちをちょっと行って見ていただけませんか？

Could you just go and check (　　) our kids?

    (a) in　(b) of　(c) on　(d) with

Could you just go and check on our kids?　　　　解答：(c)

　子供のことを「見る」に対応する英語に **check on** があります。われわれ日本人なら，単に Could you just go and check our kids? と言ってしまいそうになるかもしれませんが，**check on** でワンセットとして覚えておきましょう。もちろん check は，「調べる」を意味するのですが，**check on** で1つのフレーズとして，「〜を確かめる」「〜を調べる」「〜を点検する」の意味で，例えば，I'll check on when the last train leaves.（最終電車の出発時間を確かめます），あるいは Something is wrong with the dishwasher. I need to ask someone to check on it right away.（食洗機の調子が変だ。すぐに誰かに点検してもらわなくては）のように使われます。

練習問題　次の日本文を英語に直してみましょう。

(a) コンピューターをちょっと行って見てくるよ。

(b) すぐに彼女にそれを確かめさせます。

(c) 彼は私たちの車の点検をしてくれた。

解答例

(a) I'll just go and check on the computer.

(b) I'll have her check on it right away.

(c) He checked on our car.

N.B. 「彼女の子供を見る」と言っても，「目を離さないでいる」の意味では，keep an eye on her kids となりますが，「世話をする」の意味であれば look after her kids あるいは take care of her kids などの表現が適切です。

問 21

君は直接自分で彼女にデートを申し込むべきだよ。

You should ask her to go out with you (　　) person.

(a) in　(b) of　(c) for　(d) with

You should ask her to go out with you in person.　　解答：(a)

Longman Dictionary of Contemporary English（第 5 版）（以後，LDCE）では，**in person** は，if you do something in person, you go somewhere and do it yourself instead of doing something by letter, asking someone else to do it etc と説明されています。**in person** で 1 つの成句を成していて，「（代理でなく）本人が（直接に）」「自分で」「自ら出向いて」「（電話やメールではなく）直接会って」を意味します。この成句を含む例文として，I would like to speak to you in person.（あなたとお会いして直接お話をしたいのですが），You had better go and apologize to him in person.（行ってじきじきに彼に謝ったほうがよい）をあげておきます。

練習問題　次の日本文を英語に直してみましょう。

(a) あなたは彼に直接会ってその問題について相談すべきです。
(b) 私は総理大臣にじかに会いました。
(c) 彼女はその小包を直接彼に届けた。

解答例

(a) You should have a talk with him about the matter in person.
(b) I saw the Prime Minister in person.
(c) She delivered the package to him in person.

N.B.　personally も「直接」「自ら」の意味で，You can e-mail him, but I think you'd better see him personally.（彼にメールをするというのでもいいけど，直接会ったほうがいいと思いますよ）のように使うことができます。

彼女は満面に笑みを浮かべていた。

She was smiling (　　　) ear to ear.

　　(a) through　(b) from　(c) by　(d) across

She was smiling from ear to ear.　　　　　　　　　　　　解答：(b)

　「満面に笑みを浮かべる」は，**smile from ear to ear** が対応します。この表現を直訳すると，「耳から耳へ微笑む」となるのですが，両耳はちょうど顔の両側に位置しますから，この表現に対して顔の端から端までを微笑みが広がるイメージを浮かべることができます。したがって，「満面に笑みを浮かべる」という訳がぴったりということになるでしょう。

練習問題 次の日本文を英語に直してみましょう。

(a) 彼はそのよい知らせを聞いて満面に笑みを浮かべていた。
(b) 彼女のおばあさんは孫の誕生の知らせを聞いて恵比寿顔を見せた。
(c) 彼は彼女がやって来るのを見て満面の笑みを浮かべていた。

解答例

(a) He was smiling from ear to ear when he heard the good news.
(b) Her grandmother smiled from ear to ear when she heard the news that her grandchild was born.
(c) He was smiling from ear to ear, seeing her coming.

N.B. 「満面に笑みを浮かべて」は，with one's face beaming や with a big smile on one's face あるいは smiling all over (one's face) などでも表現することができます。例えば，「彼女は満面の笑みを浮かべてそこに立っていた」は，She was standing there with her face beaming., She was standing there with a big smile on her face. あるいは She was standing there, smiling all over her face. と表現することができます。

問 23

それでほっとしました。

That's a load (　　) my mind.

　　(a) from　(b) through　(c) off　(d) by

That's a load off my mind.　　　　　　　　　　　　　解答：(c)

「それでほっとしました」は，**That's a load off my mind.** の英語が対応します。**a load** は，精神的な「重荷」「負担」を意味し，全体を直訳すると「それが私の心から離れた精神的な重荷だ」なのですが，言わんとするところは「精神的に負担を感じていたものが心から外れた」状態を表しています。日本語では「肩の荷が降りる」という表現がありますが，これもこの英語でまかなうことができるでしょう。いずれにしても，何かの心配事が解消した時や，精神的に負担に感じていたことが清算された時に用いられるのが，この **That's a load off my mind.** です。したがって，これは「それで安心だ」「ああほっとした」といった感じの表現として用いられるわけです。また，It was a load off my mind to know they were alive. あるいは Hearing that they were alive took a load off my mind. (彼らの生存を知ってほっとした) のような構文もあります。

練習問題　次の日本文を英語に直してみましょう。

(a) 娘がその入学試験に合格して私はほっとしました。
(b) 住宅ローンを返済し終わり，ほっとしました。
(c) 彼が無事に戻ってきたのを知ってほっとしました。

解答例

(a) My daughter passed the entrance exam, so that's a load off my mind.
(b) Now that I have paid off my mortgage, I feel relieved [a load is off my mind].
(c) Knowing that he had come back safely took a load off my mind.

問 24

> 私は彼女が成功するような気がする。
>
> I have a good feeling (　　　) her success.
>
> 　　(a) about　(b) on　(c) with　(d) of

I have a good feeling about her success.	解答：(a)

　a feeling は「感じ」「〜という漠然とした感じ」を意味し，**have a feeling** は「〜という感じがする」「〜のような気がする」ことを表します。「感じ」と一言で言っても，「いい感じ」「いやな感じ」「複雑な感じ」「第六感」などいろいろありますが，have a feeling を基本形として，feeling の前に様々な形容詞を付け足すことにより，いろいろな感じを表現することができます。「いやな感じがする」は have a bad feeling，「複雑な感じがする」は have mixed feelings，「第六感が働く」は have a gut feeling あるいは have a sixth sense となります。基本形の **have a feeling** の使い方としては，have a feeling about 〜 と have a feeling (that) +節のパターンがあります。後者のパターンの例を1つあげておきます。「私は彼女が間違っているような気がする」は，I have a feeling (that) she's [in the] wrong. となります。

練習問題 次に日本文を英語に直してみましょう。

(a) 何か素晴らしいことが起こりそうな感じがします。

(b) 彼がいい仕事に就けるような予感がします。

(c) 彼女はデートに誘われたが，うれしいような迷惑なような複雑な気持ちだった。

解答例

(a) I have a (good) feeling (that) something wonderful is going to happen.

(b) I have a (good) feeling about his [him] getting a good job.

(c) She was asked for a date, but she had mixed feelings about it.

問25

A: 禁煙をするのは難しそうですね。　B: なんてことないですよ。

A: It seems hard to quit smoking.

B: There's nothing (　　) it.

(a) for　(b) to　(c) with　(d) toward

A: It seems hard to quit smoking.

B: There's nothing to it.

解答：(b)

「なんてことない」「たいしたことはない」は，**There's nothing to it.** が対応します。it は先行する内容を示す代名詞で，もちろん，その場その場で指示する対象が変わります。上の問いのやりとりでは，it は to quit smoking を示しています。There's が省略されて Nothing to it. で表現されることもありますが，いずれの表現も「どうってことはない」ことを意味するわけです。

練習問題 次の日本文を英語に直してみましょう。

(a) A: どうやってその問題を解いたの？

　　 B: どうってことないよ。

(b) A: 毎朝4時起きは難しいでしょうね。

　　 B: なんてことないよ。

(c) A: それをすることは不可能なような気がします。

　　 B: たいしたことはないですよ。

解答例

(a) A: How did you solve the problem?　B: There's nothing to it.

(b) A: I think it's difficult to get up at 4 o'clock every morning.

　　 B: There's nothing to it.

(c) A: I have a feeling it's impossible to do it.　B: There's nothing to it.

N.B. 「そのことは心配しないで。大したことはないよ」は，Don't worry about it. It's no big deal. のように表現できます。

問 26

私はその製薬会社に勤めています。

I'm (　　) the pharmaceutical company.

(a) in　(b) of　(c) with　(d) on

I'm with the pharmaceutical company.　　　　　解答：(c)

with の第一義は，周知のように，「～と一緒に」ですが，問 19 の N.B. で少し触れたように，**with** には「～の一員で」「～に雇われて」の意味もありますから注意が必要です。

練習問題　次の日本文を英語に直してみましょう。

(a) 私は 21 年間その保険会社に勤めています。

(b) あなたはその会社に勤めてどれくらいになりますか？

(c) 私の祖父は 1908 年の創業以来その自動車会社に勤めていました。

解答例

(a) I've been with the insurance company for twenty one years.

(b) How long have you been with the firm?

(c) My grandfather had been with the car company since its creation in 1908.

N.B. 「私は東京の証券会社に勤務している」は I work for a stock broker in Tokyo.，「彼女はニューヨークの出版社に勤めている」は She works for a publishing company in New York.，「私の叔母はスーパーマーケットでパートをしている」は My aunt works at a supermarket part time. のように表現できます。

誰かがどのような職種についているのか尋ねる時は，What line of work be X in? が使えます。例えば，「A: 彼はどのような職種におつきですか？ B: 彼はフランス料理店を経営しています。」は，A: What line of work is he in? B: He runs a French restaurant. と表現されます。

問 27

みんな彼が正直であることは知っている。

Everyone knows he's (　　) the level.

　　(a) in　(b) on　(c) of　(d) with

Everyone knows he's on the level.　　　　　解答：(b)

on the level は，「正直な」「誠実な」「正しい」「道徳的な」「合法的な」を意味します。これは，くだけた口語表現として用いられています。

練習問題　次の日本文を英語に直してみましょう。

(a) 彼女はこれまでずっと正直で通してきた。
(b) 彼が誠実かどうか分からない。
(c) この取引は本当に合法的ですよね？

解答例

(a) She's been on the level so far.
(b) I don't know whether he's on the level or not.
(c) This deal is on the level, isn't it?

N.B.　もちろん，「正直な」あるいは「正直さ」を意味する単語としては，honest, honesty が代表的でしょう。これらの単語を用いて，「正直なのが彼女のとりえだ」は Her honesty is a great asset to her.，「正直にして損はない」は Honesty pays you well. あるいは It pays you well to be honest. となります。

　また，「誠実な」あるいは「誠実さ」を代表する単語は sincere, sincerity でしょう。改まって相手に詫びる場合には，I must offer you my sincere apology to you. と言わなければならないでしょうし，改まって相手の不幸に同情の気持ちを表明する場合には，You have my sincerest sympathy.（心より御同情申し上げます）あるいは Please accept my sincere condolences.（心からお悔やみ申し上げます）が適切な表現でしょう。

問 28

私は父を心筋梗塞で亡くしました。

I lost my father ( ) myocardial infarction.

　　(a) to　(b) by　(c) for　(d) with

I lost my father to myocardial infraction.　　　　　解答：(a)

---

　lose＋人＋to ～ は「人を～で亡くす」を意味します。to の後には disease や illness あるいは「病名」が続きます。ちなみに，「事故で～を亡くす」は lose ＋人＋in an accident のように表現されます。ここでいくつか例をあげておきましょう。「彼女は二人の友人を乳ガンで亡くしている」は She's lost her two friends to breast cancer.，「彼女は赤ちゃんの時に両親を病気で亡くした」は She lost both of her parents to illness when she was a baby.，「彼はその飛行機事故で父親を亡くした」は He lost his father in the plane accident.，「彼はその自動車事故で片足をなくした」は He lost his leg in the car accident.

[練習問題] 次の日本文を英語に直してみましょう。

(a) 彼は母親を胃ガンで亡くした。
(b) 彼女はおじいさんを肺炎で亡くした。
(c) 彼らは父親を脳梗塞で亡くした。

[解答例]

(a) He lost his mother to stomach cancer.
(b) She lost her grandfather to pneumonia.
(c) They lost their father to brain infarction.

N.B. 「亡くなる」ことを言う表現はいろいろありますが，いくつか確認しておきましょう。die という単語を避けて pass away [on] や breathe one's last などが用いられることがあります。例えば，My grandfather passed away [on] last week.（先週私の祖父が亡くなりました），She breathed her last at peace last night.（彼女は昨夜安らかに息を引き取りました）

問 29

> 彼は彼らが自分たちの人生について自信を持っていることに対して嫉妬していたのです。
>
> He was jealous of them (　　　) their confidence about their lives.
>
> 　　(a) against　(b) for　(c) with　(d) on

He was jealous of them for their confidence about their lives.	解答：(b)

be jealous of 人 for ～ は「～（が原因・理由）で人を嫉妬する」を意味しますが，この for は「原因」「理由」を表す前置詞です。ここで「原因」「理由」を表す for の用例をいくつか見ておきましょう。When he heard the news, he jumped for joy. （その知らせを聞いて彼はうれしさのあまり飛び上がった），She looks really sleepy for lack of sleep. （彼女は睡眠不足で本当に眠そうだ），This city is famous for its castle. （この町は城で有名です），He was expelled from school for misconduct. （彼は非行により退学された）

練習問題　次の日本文を英語に直してみましょう。

(a) 彼は君がその試験に合格してうらやましがっている。
(b) 彼はジミーが成功したことに嫉妬している。
(c) あなたは彼女が高級車を持っていることを妬んでいるの？

解答例

(a) He is jealous of you for having passed the exam.
(b) He is jealous of Jimmy for his success.
(c) Are you jealous of her for having the deluxe car?

N.B.　jealous に並んで envious があります。envious は，人の運命や能力をうらやましく思い自分もあやかりたいと思っている場合に，一方，jealous は，人の才能や持っているものが自分にないのは不当であると思って相手を憎たらしく思っている場合に用いられます。

問 30

彼女の目は涙でうるんでいた。

Her eyes were moist (　　) tears.

    (a) with　(b) of　(c) for　(d) on

Her eyes were moist with tears.   解答：(a)

この **with** は，「〜のために」「〜が原因で」「〜のせいで」を意味する「理由・原因」を表す with です。

練習問題 次の日本文を英語に直してみましょう。

(a) 彼女は恥ずかしくて顔が真っ赤になった。

(b) 彼は恐怖で顔が真っ青になった。

(c) 彼は老齢のために腰が曲がっている。

解答例

(a) She turned red with embarrassment.

(b) His face turned pale with fear.

(c) His back is bent with age. / He is bowed with old age.

N.B. 周知のように，英語には「理由」「原因」を表す表現は数多くありますが，ここでいくつか確認しておくことにしましょう。

① ビル・ゲイツは「私の息子は富のゆえに一生あれこれ批判されるだろう」と言った。

    Bill Gates said, "My son is going to have critics all his life *because of* his wealth."

② 彼女の不注意のためにその事故が起こった。

    Due to her carelessness, the accident took place.

③ 私は大雨のために会議に遅れた。

    I was late for the meeting *owing to* the heavy rain [*because of* [*on account of*] the heavy rain].

問31

彼女はひそひそ声で話した。

She talked (　　) a whisper.

　　(a) at　(b) of　(c) in　(d) with

She talked in a whisper.　　　　　　　　　　　　　　　解答：(c)

　この **in** は「方法・様態」を表す in です。例えば，in this way（この方法で，こうやって），speak in Chinese（中国語で話す），in an astonished voice（驚いた声で），in a choking voice（声を詰まらせて），sing in a loud voice（大声で歌う）などにこの **in** の用法が見られます。

練習問題　次の日本文を英語に直してみましょう。

(a) 彼女はほとんど聞き取れないほどの小声で話した。
(b) 彼は私の質問に小声で答えた。
(c) 彼が彼女に低いささやき声で話しているのが聞こえた。

解答例

(a) She spoke in a barely audible whisper.
(b) He answered my question in a whisper.
(c) I heard him speaking to her in a low whisper.

N.B.　whisper 以外に murmur（小声でつぶやく），mumble（はっきり言わずにもごもごと言う），mutter（小声で不満・怒りなどをつぶやく）などの動詞がありますが，以下に例をあげておきましょう。

① 彼は試験に落ちたことについて何やら小声でつぶやいた。
　　He *murmured* something about having failed the exam.
② 彼女はそこには行きたくないと私にぼそぼそと言った。
　　She *mumbled* something to me about not wanting to go there.
③ 彼は仕事のことでぶつぶつ言った。
　　He *muttered* about his job.

彼は彼女と目を合わせようとしなかった。

He didn't make eye contact （　　　） her.

(a) for　(b) with　(c) in　(d) to

He didn't make eye contact with her.　　　　　　解答：(b)

　この **with** は，「動作・行動の対象」をその目的語にとる with です。この with の用法の例をあげておきましょう。How can I get in touch with you? （あなたの連絡先はどこですか），You should talk about the matter with her. （あなたは彼女とそのことについて話すべきだ），I helped her with her homework. （彼女の宿題を手伝った）また，感情・意向を対象にする with の例として，She is in love with him. （彼女は彼に恋している），I'm pleased with your success. （私はあなたの成功を喜んでいます）をあげておきます。

練習問題 次の日本文を英語に直してみましょう。

(a) 私は彼と目を合わせることができなかった。

(b) もしあなたが嘘をついていないなら，私と目を合わせられるはずだ。

(c) 店主は彼女にお客と目を合わせることが大切だと言った。

解答例

(a) I couldn't make eye contact with him.

(b) If you are not lying, you should be able to make eye contact with me.

(c) The shopkeeper said that it was important to make eye contact with customers.

N.B. 「一瞬私たちの目が合った」は Our eyes met for a moment.，「私は彼女の視線を感じた」は I felt that I was being looked by her.，「彼女は私に視線を向けた」は She turned her eyes on me. のように表現されます。

問33

お客さんたちが列になって待っていた。

The customers were waiting (　　　) line.

(a) within (b) for (c) in (d) of

The customers were waiting in line.	解答：(c)

この **in** は，「～をなして」「～になって」を意味する「形状」「配置」の in です。例えば，in a ring（輪になって），in a body（一団になって），come in flocks（大勢でやって来る），cut the cake in two（ケーキを二つに切る），He broke the chocolate in four and gave a piece to her.（彼はチョコレートを四つに割り彼女に片割れをあげた）などにこの **in** の用法が見られます。

練習問題 　次の日本文を英語に直してみましょう。

(a) 彼は私たちに列に入るように言いました。

(b) A: 横入りしないでください。

B: ごめんなさい。あなたが並ばれているとは思わなかったものですから。

(c) 大きな男が並んでいる私たちの前に割り込んできた。

解答例

(a) He asked us to get in line.

(b) A: Don't cut in line.　B: Sorry. I didn't know you were in line.

(c) A big man cut in ahead of us in line.

N.B. 問26の N.B. でも少し触れましたが，くだけた表現として line は，「職業」「商売」「専門」「専攻」「好きな道」の意味で用いられます。いくつか例を見ておきましょう。「どんな職業にお就きですか？」は What line are you in? /What is your line?，「この類の仕事は私の領分ではありません」は This kind of business is not my line.，「物理が彼の専攻です」は Physics is his line.，「それは苦手ですね」は That's out of my line. のように表現できます。

私は大のクラッシック音楽好きです。

I'm a great lover (　　) classical music.

(a) of　(b) for　(c) with　(d) to

I'm a great lover of classical music.　解答：(a)

　この **of** は，目的格関係を表す of の用法で，love + classical music という「動詞 + 目的語」の関係が成立しています。例えば，Love of movies runs in his blood.（彼の映画好きは親譲りです），He has a fear of heights.（彼は高所恐怖症だ），She has a knowledge of English literature.（彼女には英文学の知識がある），The governor opposed the construction of a new airport.（知事は新しい空港建設に反対だった）などにこの of の用法が見られます。それぞれの例文を見ると，「映画を愛すること」「高所を恐れること」「英文学を知っていること」「新しい空港を建設すること」というように意味的に「動詞 + 目的語」の関係がそれぞれの例で確認することができます。

練習問題　次の日本文を英語に直してみましょう。

(a) 彼は大の犬好きです。

(b) 私は大のワイン好きです。

(c) 彼女は高校生のときからずっとスターウォーズ映画の大ファンです。

解答例

(a) He's a big lover of dogs.

(b) I'm a great lover of wine.

(c) She's been a great fan of the Star Wars movies since she was a high school student.

N.B.　ちなみに，「彼女はシェークスピアの愛読者です」は She's an avid reader of Shakespeare. と言えます。

問35

私の腕を放して！

Let go (　) my arm!

(a) of　(b) from　(c) off　(d) out

Let go of my arm!	解答：(a)

この **of** は，「分離」「除去」「剥奪」を表す of です。ここでいくつかこの of の用例を確認することにしましょう。They had a very hard time clearing the roads of snow. (彼らは道路の雪を取り除くのに大変だった)，She was cured of the disease. (彼女は病気が治った)，He was relieved of his anxiety. (彼は心配から開放された)，She finally got rid of her troublesome cough. (彼女はやっとしつこいせきが治った)，They robbed her of all her money. (彼らは彼女から彼女のお金をすべて奪った) さて，**let go of ～** についてですが，これは「手を放す」「(つかんでいるものを) 放す」を意味する成句で，物理的に何かを放すだけではなく，後悔や悩みなどを忘れることを述べる場合にも使われます。

練習問題 次の日本文を英語に直してみましょう。

(a) 彼女は彼の手を離して駆けて行った。
(b) ロープを放すんじゃないぞ。
(c) あなたは過去の後悔は忘れるべきです。

解答例

(a) She let go of his hand and went running.
(b) Don't let go of the rope.
(c) You should let go of your past regrets.

N.B. 同じ「放す」でも，「自分の犬を裏庭に放した」は I let my dog run free in the backyard. また，「彼女はカナリヤをかごから放した」は She released the canary from its cage. と表現されます。

大学の友人数名と一緒にそのダンスパーティーに行きました。

I went to the dance with some of my friends (　　) college.

(a) from　(b) of　(c) for　(d) by

I went to the dance with some of my friends from college.　解答：(a)

　ここでの **from** は，「出所」を表す from と考えていいでしょう。日本語訳は，もちろん，「～から（の）」ということになります。例えば，I received a post card from my aunt.（叔母からハガキをもらった），She borrowed a car from a friend of hers.（彼女は友人から車を借りた），He demanded money from me.（彼は私からお金を要求した），Where are you from?（ご出身はどこですか）などが「出所」の **from** を含む例です。しかし，この from は，上の問いに見られるように「～の」と訳したほうが自然な場合もあります。次の練習問題を通して，「～の」と訳したほうが自然な英文を作ってみることにしましょう。

練習問題　次の日本文を英語に直してみましょう。

(a) 昨夜彼は会社の同僚達と飲みに行った。

(b) 駅で中学校の級友にばったり出会った。

(c) A: 何か食べるものない？

　　B: 昨日の夜の残り物のチキンがあるよ。

解答例

(a) He went drinking with his colleagues from the company last night.

(b) I ran into a classmate from my junior high school at the station.

(c) A: Is there anything to eat?

　　B: There's the leftover chicken from last night.

問 37

あなたにお願いをしてもいいですか？

Can I ask a favor (　　) you?

　　(a) from　(b) with　(c) of　(d) to

Can I ask a favor of you?	解答：(c)

　この of は「出所」を表し，「～に」「～から」の日本語に対応します。動詞の ask 以外に beg, demand あるいは expect のような動詞の後にこの of の用法が見られます。I would like to beg a favor of you. (お願いしたいことがございます)，This job demands a lot of you. (この仕事は負担が大きいですよ)，They expect too much of him. (彼らは彼に期待をかけ過ぎています) などがこの **of** の用法を含む例です。

> **練習問題**　次の日本文を英語に直してみましょう。

(a) 彼女にあるお願いをした。

(b) あなたにお願いさせていただきたいのですが。

(c) 無理を承知でお願いにあがりました。

> **解答例**

(a) I asked a favor of her.

(b) I'd like to ask a favor of you.

(c) I know it's difficult, but I'm here to ask a favor of you.

N.B.「お願いがあるのですが」は，Would you do me a favor? と言うこともできますし，Can [May] I ask you a favor? と言うこともできます。さらに，I have a favor to ask of you. と言うこともできます。ちなみに，「あなたの口ぶりは恩着せがましく聞こえますね」は The way you talk makes me feel you're doing me a big favor. となります。

彼は私に話しているのではなく一方的にしゃべっているのです。

He's not talking to me but talking (　　) me.

  (a) at　(b) with　(c) over　(d) toward

He's not talking to me but talking at me.　　　　解答：(a)

前置詞 **at** と **to** の違いが，**talk at** と **talk to** の意味の違いとなっています。ここでの **at** は「目標」を表す at であり，「～を目がけて」「～に向かって」を意味します。一方，ここでの **to** も，「目標」を表す to であり，「～に」「～に対して」に相当します。しかし，同じ「目標」を表す at と to ですが，意味に違いがあります。次の例で確認することにしましょう。

(a) John threw the ball at George.

(b) John threw the ball to George.

(a) のように at が用いられている場合，ジョンが投げたボールをジョージが受けたかどうかは判然としません。つまり，ボールが対象であるジョージに到達したかどうかは定かではないということです。あくまで，ジョンはジョージに向かってボールを投げたと述べられているに過ぎません。それに対して (b) では，to に「到達」の意味がありますから，ボールは対象であるジョージに届いたことが分かります。このような at と to の違いは，talk at ～ と talk to ～ に関する違いを説明する場合にも当てはまります。通例，talk at ～ は「対象」に向かって一方的に話すという意味で用いられますが，talk to ～ は，話す言葉が「対象」に届いていることが保証されているというわけです。

ついでながら，shout at ～ と shout to ～ の違いについては，前者は，憎悪や敵意を含意しますが，後者は単に大きな声で叫ぶことを意味します。例えば，Paul shouted at John. は，ポールのジョンに対する嫌悪感が暗示されていますが，Paul shouted to John. は，単にポールがジョンに向かって大声で叫んだことが述べられています。

問 39

彼は彼女を告訴した。

He brought a lawsuit (　　) her.

(a) to　(b) toward　(c) against　(d) forward

He brought a lawsuit against her.　　　　　解答：(c)

ここでの **against** は，「反対」「対抗」「敵対」の against で「〜に反対して」「〜に逆らって」「〜に敵対して」「〜を相手にして」の意味を表します。an accusation against her（彼女に対する非難），He acted against her will.（彼は彼女の意志に逆らって行動した），She argued against his proposal.（彼女は彼の提案に反論した），I'm against your opinion.（私はあなたの意見に反対です）などが，「反対」「対抗」「敵対」の **against** を含む例となります。

練習問題 次の日本文を英語に直してみましょう。

(a) 私たちはみなその計画に反対です。

(b) 彼女はケーキの誘惑と闘った。

(c) 彼は締め切りに間に合わせるために大急ぎで仕事をした。

解答例

(a) We're all against the plan.

(b) She fought against the temptation of cakes.

(c) He worked against the clock to meet the deadline.

N.B. 次のような表現も確認しておきましょう。

① 彼はその提案に反対だ。

　He's hostile to the proposal.

② 彼女はその考えに全く反対している。

　She's totally opposed to the idea.

③ 彼女の両親は彼女が一人で外国に行くことに反対した。

　Her parents objected to her going abroad by herself.

たいそうお急ぎですね。どちらへ行かれます？

You're (　　) a big hurry. Where're you going?

　　(a) for　(b) by　(c) on　(d) in

You're in a big hurry. Where're you going?　　　　解答：(d)

　この **in** は，「〜の状態で」の意味を表す in です。つまり，in a hurry は「急いでいる状態で」が文字通りの意味というわけです。この「状態」を表す **in** の例をいくつか確認しておきましょう。She was writing a letter in tears. (彼女は涙を浮かべて手紙を書いていた)，When in doubt, do nowt. (確かでない時にはなにもするな) [これは古いことわざで，現在では，When in doubt, do nothing. と言うところでしょう]，He was able to find a place to work in comfort. (彼は気持ちよく働ける場所を見つけることができた)，They're in good health. (彼らは健康です)，Which party is in office at present? (どの政党が今政権についていますか？)

練習問題　次の日本文を英語に直してみましょう。

(a) そんなに急がないでください。

(b) どういうわけか彼女はひどく急いでいた。

(c) とても急いで家を出たので居間の明かりを消すのを忘れてしまった。

解答例

(a) Don't be in such a hurry.

(b) She was in a terrible hurry for some reason.

(c) I was in such a hurry to leave the house that I forgot to turn off the lights in the living room.

N.B. in a rush も「急いで」の意味で用いられます。例えば，I had to finish the job in a rush. (私は急いでその仕事を終えなければならなかった)，She talked to me about it in a rush. (彼女はそのことを私にあわただしく話した)

問41

今日はとても寒いから，重ね着をしなくてはいけません。

Since it's very cold today, you have to dress (　　) layers.

　　(a) on　(b) in　(c) of　(d) with

Since it's very cold today, you have to dress in layers.　　解答：(b)

この in も先の問40で見た「状態」の **in** です。**in layers** における layers は layer の複数形ですが，layer は「層」「重ね」「(ペンキの) 塗り」を意味します。「オゾン層」は the ozone layer と言います。そして，be in layers は，「層をなしている」ことを言い表します。例えば，この表現は，The bedrock is in alternate layers of diorite and sandstone.（その岩盤は閃緑岩と砂岩が交互に層をなしている）あるいは，The best way to protect from the cold on the tour is to dress in layers.（そのツアーで寒さから身を守る最良の方法は重ね着をすることです）のように用いられます。

練習問題　次の日本文を英語に直してみましょう。

(a) 私のおばあさんは服を何枚も重ね着して出かけた。

(b) 彼らはその大雪の日は重ね着をしていた。

(c) 今日は暖かいから，重ね着はする必要はありません。

解答例

(a) My grandmother got dressed in several layers of clothes and went out.

(b) They were dressed in layers on the day of the heavy snow.

(c) Since it is warm today, you don't have to wear in layers.

N.B. 別の「重ね着」表現も確認しておきましょう。

彼は長袖のシャツの上に半袖の T シャツを重ね着していた。

He wore a T-shirt on top of a long-sleeved shirt.

問 42

彼女はコンピューターをつけてインターネットに接続した。

She turned on her computer and logged on (　　) the Internet.

    (a) with　(b) to　(c) by　(d) in

She turned on her computer and logged on to the Internet.

解答：(b)

「インターネットに接続する」は，**log on to the Internet** で表現されます。このほかには，access the Internet あるいは connect the Internet と言う場合もあります。**log on to the Internet** の **to** は，connecting，すなわち，「接続」を表す to です。I have connected the printer to my new computer.（私はそのプリンターを私の新しいコンピューターにつないだ），I'll connect you to extension 402.（内線 402 におつなぎします）などがこの用法の **to** が使われている例です。

練習問題　次の日本文を英語に直してみましょう。

(a) その情報を得るためにインターネットに接続した。
(b) 彼はそのボクシングの試合の実況を見るためにインターネットに接続した。
(c) そのウェブサイトに接続してみて。きっと何か最新情報が得られるよ。

解答例

(a) I logged on to the Internet to get the information.
(b) He logged on to the Internet to watch the live boxing match.
(c) Log on to the website. I'm sure you'll be able to get some update information.

N.B. 次のような表現も確認しておきましょう。

多くのホテルはインターネットで予約状況を確認することができる。

We can check on the reservation openings of many hotels via [on] the Internet.

問43

彼女は奨学金で大学を卒業した。

She finished college (　　) a scholarship.

　　(a) in　(b) by　(c) for　(d) on

| She finished college on a scholarship. | 解答：(d) |

　この **on** は，「依存」の **on** で，「～（資金などに）支えられて」「～の費用［おごり］で」を意味します。They live on a pension.（彼らは年金暮らしです），How does he get by on such a low salary?（そんな安い給料で彼はどうやってやっていけるのですか？），It must be hard for her to live on $30 a week.（週に30ドルで生活するのは彼女にとって大変であるに違いない）などがこの **on** の用法ということになります。

練習問題　次の日本文を英語に直してみましょう。

(a) その老夫婦は決まった年金で生活している。
(b) 彼女は奨学金を受けてイギリスに留学中です。
(c) 彼は少ない収入で家族を養わなければならない。

解答例

(a) The old couple live on a fixed pension.
(b) She is studying in England on a scholarship.
(c) He has to support his family on a small income.

N.B. on の意味を人に尋ねると，すぐ「～の上に」という答えが返ってくることが多いように思われますが，実際は，「接触」を表すのが on の基本的な用法です。したがって，例えば，「天井にハエがとまっている」状況は，There's a fly on the ceiling. で表現されますし，葉っぱの裏側であっても，てんとう虫がそこにいる状況は，There's a ladybird on the leaf. で表現されることになります。したがって，on イコール「～の上に」という図式を考えるよりも，on は，基本的に「接触」を表すとしたほうが much better であることになるでしょう。

問44

彼はインフルエンザの予防注射をしなければなりませんでした。

He had to have a shot (　　　) the flu.

　　(a) against　(b) toward　(c) forward　(d) off

He had to have a shot against the flu.	解答：(a)

この **against** は，「防御」「準備」を表す **against** です。したがって，この **against** は，「～をこうむらないように」「～をしないように」「～に備えて」などの日本語が対応することになります。The doctor vaccinated our kids against measles. (医師は私たちの子供たちにはしかの予防接種をしてくれた)，A lot of people have recently begun to buy insurance against earthquakes. (多くの人たちが最近は地震保険を買い始めている)，They had no provision against heavy snow. (彼らは大雪対策をしていなかった)などがこの用法の **against** を含む例です。

練習問題 次の日本文を英語に直してみましょう。

(a) 彼らはインフルエンザの予防接種をした。
(b) 私たちはまさかという時のために保険に入っておいたほうがいいでしょうね。
(c) 彼は退職後の生活に備えてお金を貯めている。

解答例

(a) They were vaccinated against the flu.
(b) We had better take out [buy] insurance to provide against a rainy day.
(c) He's saving money against retirement.

N.B. 「冬場は風邪の予防に手洗いとうがいをするようにしています」は，I make a point of washing my hands and gargling to prevent catching a cold in winter. と表現できます。

問 45

裁判官は「執行猶予 2 年に付す」と言った。

The judge said, "I am going to put you (　　) probation for two years."

　　(a) in　(b) of　(c) on　(d) by

The judge said, "I am going to put you on probation for two years.

解答：(c)

　この **on** は，「〜して」「〜中で」を意味する「状態」の on です。この **on** の用法の例として，The employees are on (a) strike for higher wages.（従業員は賃上げを要求してスト中だ），The building is on fire.（ビルが火事だ），The paintings of the famous artists are on exhibition at Gladstone Galley in New York now.（有名な画家たちの絵画が今ニューヨークのグラッドストーン画廊で展示されています），Crime is visibly on the increase in the country.（その国では犯罪が目に見えて増加している）などがあげられます。さて，上の問いの英文に関してですが，**put＋人＋on probation** は，「（人）を執行猶予［保護観察］に付す」を意味します。ちなみに，probation には「保護観察（期間）」に加え，「見習い（期間）」「仮採用（期間）」の意味もありますので，be on probation が「執行猶予中である」を意味するのか，あるいは「見習い期間中である」「仮採用期間中である」を意味するのかは文脈次第ということになります。

練習問題　次の日本文を英語に直してみましょう。

（a）彼はこれから 2 年間の執行猶予となります。
（b）彼はまだ仮採用中だ。
（c）彼女は 3 ヶ月の見習い期間中です。

解答例

（a）He'll be on probation for two years.
（b）He's still on probation.
（c）She's on probation for three months.

> 名誉毀損で彼を訴えます。
>
> I'm going to sue him (　　) slander.
>
> 　　(a) toward　(b) of　(c) off　(d) for

I'm going to sue him for slander.　　　　　　　　　　　解答：(d)

　　問 29 ですでに「原因」「理由」の **for** について見ましたが，ここでもこの **for** の用法の例が見られます。したがって，ここでの **for** も，「～のために」「～の理由で」の日本語が対応します。for slander は，「名誉毀損の理由で」が文字通りの意味ということになりますが，通例は，「名誉毀損で」の日本語訳が適切でしょう。

練習問題 次の日本文を英語に直してみましょう。

(a) 彼女は遅刻が多すぎたために首になった。

(b) 彼はただ美しいという理由だけで彼女を自分の秘書に選んだ。

(c) 彼は睡眠不足のために仕事に集中できなかった。

解答例

(a) She was fired for coming late to work too many times.

(b) He chose her just for her beauty as his secretary.

(c) He couldn't concentrate on his job for lack of sleep.

N.B. 理由を表す接続詞 because と since の使い分けの違いは，because は聞き手に「未知の」理由を，一方，since は，聞き手に「既知の」理由を表すところにあります。I was late for school because there was a traffic accident. と Since there was a traffic accident I was late for school. を比較することで上述した二つの接続詞の違いを考えてみてください。最初の文では話し手は話し手が遅れた理由を聞き手に初めて示しているわけですが，二番目の文では，もうすでに聞き手が「交通事故があったことを」承知しているという前提があるということになります。

問47

コーヒーブレークで出かけていました。

I've been out (　　) a coffee break.

(a) in　(b) on　(c) for　(d) with

I've been out on a coffee break.　　　　　　　　　解答：(b)

　この **on** は，「目的」「要件」「従事」を表す **on** です。この on の用法は He will go to England on business next week.（彼は来週仕事で英国に行きます），On what business did you come here?（どんな用事でこちらに来られましたか？）のような例に見られます。

練習問題　次の日本文を英語に直してみましょう。

(a) 私たちは来年海外旅行に出かけるつもりです。

(b) あいにく彼は仕事中です。

(c) 彼女は今その新しい企画に取り組んでいます。

解答例

(a) We will go on a trip abroad next year.

(b) I'm afraid he's on the job now.

(c) She is working on the new project now.

N.B. 次のような「休憩」にまつわる表現も確認しておきましょう。

① 休憩しましょう。

　Let's take a break.

② 彼女は休憩を取っています。

　She's on break. / She's taking a break.

③ 休憩は15分です。

　The break lasts for fifteen minutes. / There's a fifteen-minute recess.

④ 今からお茶を飲みながら一休みしませんか？

　Why don't we take a tea break now?

彼女は 5 時半きっかりにやって来た。

She arrived at 5:30 (　　) the dot.

　　(a) in　(b) on　(c) for　(d) of

She arrived at 5:30 on the dot.　　　　　　　　　　　　解答：(b)

　on the dot は，1 つの成句をなしていて，「きっかりに」「ちょうど」「時間通りに」を意味します。dot の第一義は，「小数点」「終止符」あるいは小文字の i や j などの「点」や「しみ」「ぽち」ですが，このフレーズの dot は，「時計の目盛り」を意味します。したがって，**on the dot** は，「時計の目盛きっかりに」ということであり，exactly on time or at the exact time mentioned (OALD) の意味で用いられます。上の英文と同じ内容は，On the dot of 5:30, she arrived. のように表現することもできます。

練習問題　次の日本文を英語に直してみましょう。

(a) 彼はきっかり 6 時に姿を見せた。

(b) 私たちの飛行機は 2 時半きっかりに離陸した。

(c) A: 今何時ですか？　B: 3 時きっかりです。

解答例

(a) He showed up at 6:00 on the dot..

(b) Our plane took off at 2:30 on the dot.

(c) A: What time is it now?　B: It's three on the dot.

N.B. 「2 時半きっかりに」は，at 2:30 on the dot 以外に，at 2:30 sharp あるいは exactly on time at 2:30 などもよく使われます。したがって，(b) は，Our plane took off at 2:30 sharp. あるいは，Our plane took off exactly on time at 2:30. と言うこともできます。

問49

彼女は両手を大きく広げて私を待っていてくれました。

She was waiting for me （　　） arms outstretched.

(a) on　(b) for　(c) with　(d) of

She was waiting for me with arms outstretched.　　解答：(c)

「付帯状況」を表す **with** は，割とよくお目にかかる前置詞です。付帯状況を表す **with** は，通例，「**with＋名詞＋副詞［形容詞］(句)**」の形で用いられます。いくつか例をあげておきましょう。He left his toothbrush with bristles facing down on the table. (彼は歯ブラシの毛を下に向けたままテーブルに置きっぱなしにしていた)，She was reading a letter with tears in her eyes. (彼女は目に涙を浮かべながら手紙を読んでいた)，Sit with your back straight. (背筋をまっすぐにして座りなさい)，The bodyguard was standing in front of him with his legs wide apart. (そのボディーガードは大きく脚を開いて彼の前に立っていた)

練習問題　次の日本語を英語に直してみましょう。

(a) その子供は口に物を入れたまましゃべっていた。

(b) ポケットに両手を突っ込んで走ってはいけません。

(c) 彼女は窓を開けたまま大声で歌っていた。

解答例

(a) The kid was speaking with his [her] mouth full.

(b) Don't run with your hands in your pockets.

(c) She was singing loudly with the window open.

N.B. 分詞構文を用いて付帯状況が表されることもよくあります。例えば，The man approached me, smiling. (その男はにこにこしながら私に近づいてきた) あるいは，The teacher, closing his eyes, was listening to her. (先生は目を閉じて彼女の話を聞いていた)

心の奥では，彼が言っていることはもっともだと思ったが，黙っていた。

( ) the back of my mind, I thought what he was saying made sense, but I didn't say anything.

　　(a) in　(b) on　(c) behind　(d) for

In the back of my mind, I thought what he was saying made sense, but I didn't say anything.

解答：(a)

---

in the back of one's mind は，「～の心の奥では」を意味します。**in the back of ～** は「～（車・バスなどの）後部に」「～の奥に」「～の末尾に」を意味する成句で，例えば，I was sitting in the back of the car. (私はその車の後部座席に座っていた)，There's a glossary in the back of the book. (その本の巻末に用語集がついています)，There's a bedroom in the back of the house. (その家の奥に寝室があります) などのように使われます。

練習問題 次の日本文を英語に直してみましょう。

(a) 彼女が心の底で思っていたことは仕事を辞めることだった。
(b) 私の心の奥に彼女が嘘を言っているという思いがひそんでいた。
(c) その出来事を心の奥に留めた。

解答例

(a) What was in the back of her mind was to quit her job.
(b) There was an idea lurking in the back of my mind that she was telling a lie.
(c) I kept the event in the back of my mind.

N.B. in the back of one's mind 以外に，deep inside あるいは deep in one's heart などの表現もあります。She loved him deep in her heart. (彼女は心の底では彼を愛していた) を一例あげておきます。

問51

彼女は手のひらの手首よりの部分で何度か目を拭いた。

She wiped her eyes several times (　　) the heels of her hands.

　　(a) with　(b) from　(c) of　(d) in

She wiped her eyes several times with the heels of her hands.

解答：(a)

　この **with** は，「道具」「手段」を表す **with** で，「〜で」「〜を使って」を意味します。問いの英文の **with the heels of her hands** は，「彼女の手のひらの手首よりの部分を使って」が文字通りの意味ということになります。いくつかこの **with** の用法の例を見ておきましょう。The bear raked his back with its claws. (クマは彼の背中をつめでひっかいた)，She wrote her name on the form wrongly with a red pen. (彼女は間違って赤ペンで自分の名前をその用紙に書いてしまった)，She trimmed my hair with scissors. (彼女ははさみで私の髪を切りそろえてくれた)

練習問題　次の日本文を英語に直してみましょう。

(a) 彼女はやさしく右手でその子犬の頭をなでた。
(b) その興奮した馬は後ろ脚で地面を蹴った。
(c) 彼女は親指を包丁で切ってしまった。

解答例

(a) She petted the puppy on the head with her right hand.
(b) The excited horse kicked the ground with its hind legs.
(c) She cut her thumb with a kitchen knife.

N.B. The window was broken with a stone. は，誰かが石で窓を割ったことを，The window was broken by a stone. は，落石等が原因で窓が割れたことを表します。

いま会議中です。

I'm (　　) a meeting now.

　　(a) for　(b) in　(c) on　(d) of

I'm in a meeting now.　　　　　　　　　　　　　　　　解答：(b)

　ここでの **in** は,「従事」「活動」を表す **in** で,「～に従事して」「～に所属して」「～をして」「～中で」の日本語が対応します。この用法の **in** の例をいくつか確認しておくことにしましょう。She's in the advertising business.（彼女は広告の仕事に従事している）, He's in the navy.（彼は海軍に入っている）, The students are now in class.（生徒たちは今授業中です）, She's in [（英) at] college.（彼女は大学に在学中です）

練習問題 次の日本文を英語に直してみましょう。

(a) 大変申し訳ございませんが,ジョーンズ氏は今会議中でございます。

(b) 彼女は今授業中です。

(c) 彼は銀行関係の仕事に従事しています。

解答例

(a) I'm terribly sorry, but Mr. Jones is in a meeting now.

(b) She's now in class.

(c) He's in the bank [banking] business.

N.B. 次のような表現も確認しておきましょう。

① 彼女は教育やその他の地域活動に従事している。

　She is involved in education and other community activities.

② 彼は原子力の研究に従事している。

　He is engaged in atomic research.

③ 彼女はかつてある選挙運動に携わったことがあります。

　She has participated in an election campaign.

問 53

宿題を手伝ってもらえない？

Can you help me (　　) my homework?

　　(a) for　(b) with　(c) of　(d) to

Can you help me with my homework?　　　　　　　　　解答：(b)

この with は，「対象」を表す with で，「（動作の対象）～と」「～に関して」の日本語が対応します。I will get in touch with her tomorrow. (明日彼女と連絡をとるつもりです)，We need to talk about the problem with Mary. (私たちはメアリーとその問題について話し合う必要があります)，This tie goes with the blue shirt. (このネクタイはそのブルーのシャツと合う)，She's in love with Tom. (彼女はトムに恋している)，How are things with you? (いかがお過ごしですか？) などがこの with の用法の例となります。

練習問題 次の日本文を英語に直してみましょう。

(a) 彼女は母親の掃除を手伝った。

(b) 彼女のバッグを持つのを手伝ってくれませんか？

(c) 私は彼がその用紙に記入するのを手伝ってあげた。

解答例

(a) She helped her mother with the cleaning.

(b) Will you help her with her bags?

(c) I helped him with the form.

N.B. 英語の help と日本語の「助ける」の違いを見ておきましょう。I helped the drunk stand up. は，The drunk stood up. を必ず含意します。一方，日本語で「その酔っ払いが立ち上がるのを手伝ってあげたが，立ち上がれなかった」と言えますが，同じ内容を英語で言う場合，help は「結果」までカバーする動詞なので，*I helped the drunk stand up, but he couldn't. ではなく，I tried to help the drunk stand up, but he couldn't. と言う必要があります。

問 54

彼は音楽にはまっている。

He's (　　　) music.

    (a) on　(b) in　(c) into　(d) for

He's into music.　　　　　　　　　　　　　　　　　　　解答：(c)

　周知のように，**into** の第一義は，「〜の中に，〜の中へ」ですが，**be into 〜** のように，into が be 動詞と共起していると，「... が〜の中に入っている」状態を表します。そして，ここでの **be into 〜** は，比喩的に，「(物・事・人) に熱中 [没頭] している」「〜にとても興味を持っている」「〜が大好きである」「〜にのめり込んでいる」「〜にぞっこんである」を意味します。今風に言うと，**be into 〜** は，「〜にはまっている」という感じで使えるでしょう。**be into 〜** の例をあげておきましょう。He's into jazz. (彼はジャズに熱中している [はまっている])，She's into windsurfing. (彼女はウインドサーフィンに没頭している [はまっている])

練習問題　次の日本文を英語に直してみましょう。

（a）彼女はすっかり韓流ドラマにはまっています。

（b）彼の息子はサッカーにはまっています。

（c）私は恋愛小説にはまっています。

解答例

（a）She's heavily into Korean dramas.

（b）His son is into soccer.

（c）I'm into love stories.

N.B.「私はクラッシック音楽にはまっています」は I'm crazy about classical music.，「彼は釣りに病みつきになっている」は He's hooked on fishing. と表現することもできます。

問 55

彼らは心ゆくまで楽しんだ。

They enjoyed themselves (　　) the fullest.

　　　(a) on　(b) forward　(c) into　(d) to

They enjoyed themselves to the fullest.　　　　　　　　解答：(d)

to the fullest は，to the full を強めた形で，「心ゆくまで」「十分に」を意味する成句です。このフレーズにおける **to** は，「到達点」「程度」「範囲」を表します。例をいくつかあげておきましょう。To the best of my knowledge, she is an honest person. (私の知る限りでは，彼女は正直な人です)，He was frozen to the bone. (彼は骨の髄まで冷えた)，This bill, plus all the others, amounts to $550. (その他の勘定を加えて，これで 550 ドルになります)

練習問題　次の日本文を英語に直してみましょう。

(a) 昨日私は心ゆくまでテニスを楽しみました。
(b) 精一杯生きることが大切だ。
(c) 彼はその問題を解くために頭を最大限に使った。

解答例

(a) I enjoyed playing tennis to the fullest.
(b) It is important to live life to the fullest.
(c) He used his brain to the fullest to solve the problem.

N.B. 次のような表現も確認しておきましょう。

① 心ゆくまでゴルフをすることができればいいのだが。
　 I wish I could play golf to my heart's content.
② 昨日の夜はカラオケバーに行って心ゆくまで歌った。
　 We went to a karaoke bar and sang as much as we wanted last night.
③ 私たちはサンフランシスコへの旅を心ゆくまで楽しんだ。
　 We enjoyed our trip to San Francisco thoroughly.

到着した時，パーティーは最高に盛り上がっていた。

The party was (　　) full swing when I arrived.

　　(a) on　(b) for　(c) in　(d) with

The party was in full swing when I arrived.　　解答：(c)

in full swing は成句で，「たけなわで」「調子よく進んで」「最高潮で」「真っ最中で」「どんどん進んで」を意味します。ブランコが一杯に振れているイメージです。仕事やパーティーだけではなく，様々な活動に関して，どんどん進んでいる様子，軌道に乗っている状況を表すのにこのフレーズが使用されます。例えば，Baseball season is in full swing now.（今野球のシーズンの真っ最中です），The Chicago mayoral election is in full swing.（シカゴ市長選挙がたけなわです）などがその例です。

練習問題 次の日本文を英語に直してみましょう。
(a) その空港に行ったら，ストライキの真っ最中だった。
(b) 観光シーズンたけなわです。
(c) その工場は今フル回転している。

解答例
(a) When I went to the airport, the strike was in full swing.
(b) The tourist season is in full swing.
(c) The factory is now in full swing.

N.B. get into full swing は，「たけなわになる」「最高に盛り上がる」を意味します。例えば，I think the project will get into full swing this year.（今年はその事業が本格化すると思います）また，get into the swing of ～ は，「～の調子をつかむ」を意味し，I'm just trying to get into the swing of my new job.（私は新しい仕事の調子をつかむ努力をしている）のように用いられます。

問57

彼はイヤホンをつけて音楽に合わせて体を動かしていた。

He had his earphones on and was rocking (　　) music.

　　(a) on　(b) for　(c) in　(d) to

He had his earphone on and was rocking to music.　　解答：(d)

　この **to** は「適合」「一致」を表し，「〜に合わせて」「〜に一致して」「〜に合って」の日本語が対応します。いくつか例を見ておきましょう。He adapted himself to the new circumstances. (彼は新しい環境に順応した)，Are her novels to your taste? (彼女の書く小説はあなたの好みに合いますか？)，He tuned in to the BBC World Service. (彼は BBC の海外向け放送にダイヤルを合わせた)

練習問題　次の日本文を英語に直してみましょう。

(a) 彼女は彼のピアノ伴奏で歌った。
(b) 彼女は音楽のリズムに合わせて腰を動かした。
(c) 聴衆はその曲に合わせて手拍子をしていた。

解答例

(a) She sang to his piano accompaniment.
(b) She moved her hips to the rhythm of the music.
(c) The audience were clapping their hands to the tune.

N.B. 以下のような表現も確認しておきましょう。

① 私たちは心を合わせて働かなければなりません。
　 We have to work together in perfect accord.
② 新郎は「私たち二人は力を合わせて幸せな家庭を築いていきます」と言った。
　 The bridegroom said "We will join in building a happy family."
③ 彼はいつも時代に歩調を合わせるように努めている。
　 He's always trying to keep step with the times.

問58

彼女は両手をタオルで拭いた。

She wiped her hands (　　) a towel.

　　(a) in　(b) on　(c) by　(d) off

She wiped her hands on a towel.　　　　　　　　　解答：(b)

「タオルで」に相当する表現は，**on a towel** です。この on は，「道具」「手段」「方法」を表す **on** で，「～を使って」「～で」の日本語が対応します。He was talking on the phone. (彼は電話で話をしていた)，She was playing a tune on the piano. (彼女はピアノである曲を弾いていた) あるいは I went there on the bus. (私はバスでそこに行った) における on the phone, on the piano, on the bus が「道具」「手段」「方法」の **on** の例ということになります。

練習問題　次の日本文を英語に直してみましょう。

(a) 彼女は携帯電話で彼氏とおしゃべりしている。

(b) 彼はコンピューターを使ってその英文法についての本を書いた。

(c) 彼はハンカチで鼻をかんだ。

解答例

(a) She's chattering on the cell phone with her boyfriend.

(b) He wrote the book about English grammar on the computer.

(c) He blew his nose on a handkerchief.

N.B. He cut his finger on a piece of glass. と He cut his finger with a piece of glass. はいずれも，「彼はガラスの破片で指を切った」を意味します。ただし，後者の文のように with が用いられている場合は，文主語 (he) が「ガラスの破片を使って故意に自分の指を切った」ことが含意されることがあります。

無生物主語構文

　英語と日本語のいずれにおいても，無生物が主語になっている文はいくらでも存在します。例えば，英語では，The earth is going around the sun., The rain is coming down hard., His car has broken down. のような無生物主語を持つ文は全く珍しくありませんが，日本語においても，「地球は太陽の周りを回っている」「雨がはげしく降っている」「彼の自動車が故障してしまった」のような無生物を主語とする文は珍しくありません。以下では，このような無生物の主語を持つタイプではなく，主語が，原因・理由あるいは手段などを表し，それが「(人) に～させる」という形をとるタイプの英語の無生物主語構文について観察していくこととします。このタイプの英語の無生物主語構文として，What made her do it? のような例は，英語ではよく用いられていることも周知の事実でありましょう。一方，日本語には，元来「何が彼女をそうさせた？」のような表現は存在しませんでした。しかし，西洋語の影響で，日本語においてもこの「何が彼女をそうさせた？」タイプの無生物主語構文が使われるようになったと言われています。

　以下で，主語が原因・理由あるいは手段などを表す英語の無生物主語構文について見ておくことにしましょう。

(a)　My body is hungry.　I've tried eating, but *the mere sight of food stirs the nausea.*

(b)　*One look* will tell you the car is luxury at its finest.

(c)　*Fear of being sued or fined* can help shape a new moral sensibility.

(d)　*Newton's law of gravity* enables you to calculate the force of attraction between any two objects.

(e)　*Ten minutes in the car* brought me to the beach.

　(a) を訳してみると，「私の体はお腹を空かしています。食べてみようとしましたが，食べ物を見ただけで吐き気を催してしまいます」となるでしょう。無生物主語構文は，the mere sight of food stirs the nausea の部分ですが，この部分を直訳すると不自然な日本語になってしまいます。その理由は，上で述べたように，このタイプの構文が元来日本語にはないことに起因します。(b)

から (e) までの英文に関しても同様のことが言えます。

(b) は，「一目ごらんになれば，その車が一番上等の贅沢品であることがお分かりになるでしょう」を意味します。これは，自動車のディーラーがお客に対して言うような文です。

(c) に関しては，日本語に訳しにくいのですが，「訴えられることあるいは罰金を課せられることが恐ろしいという思いが新しい道徳意識の形成を促進することはありうるだろう」あたりでしょうか。

(d) は，「ニュートンの重力の法則でいかなる二つの物体間の引力も計算することができる」と述べています。

(e) は，「車に乗って 10 分でその海辺に着いた」を意味します。

以下の各問いで，空所にどのような適語が入るか見ていくことにしましょう。

問 59

> なんでそんなことを言うのですか？
>
> (　　) makes you say so?
>
> 　　(a) Why　(b) What　(c) How　(d) Which

What makes you say so?	解答：(b)

　この日本語に対応する英語としてすぐに思い浮かぶのは，Why を用いた Why do you say so? かもしれません。もちろんこの表現は，友人や家族のような親しい間柄の人に対しては普通に用いられますが，**What makes you say so?** タイプの表現は，Why do you say so? よりも当たりが柔らかいので，日常会話で好まれて用いられています。この文の直訳は，「何があなたにそんなふうに言わせますか？」となりますが，実際，What makes you say so? のタイプの文が頻繁に使われています。もう一例あげておきましょう。What took you so long?（なんでそんなに時間がかかったの？）

練習問題　次の日本語を英語に直してみましょう。

(a) なんでそう思うのですか？
(b) なんでここに戻ってきたのですか？
(c) なんでその事故が起こったのですか？

解答例

(a) What makes you think so?
(b) What brings you back here?
(c) What caused the accident to happen?

N.B.　無生物主語構文の例としては，他に，例えば，The news made him happy.（その知らせに彼は喜んだ），That song always reminds me of my high school days.（その歌を聴くといつも高校時代を思い出す），Business carried me to New York.（商用でニューヨークに行きました），The long walk gave me a good appetite.（長距離歩いてすっかりお腹がへりました）などもあります。

昨夜は夫のいびきで眠れませんでした。

My husband's snores (　　　) me from sleeping last night.

    (a) kept　(b) made　(c) left　(d) had

My husband's snores kept me from sleeping last night.　　解答：(a)

　無生物主語構文でよく使われる動詞の 1 つが keep です。この文を直訳すると，「昨夜私の夫のいびきが私を眠らせないようにした」となりますが，このような「**X＋keep＋Y＋from ～ing**」型の無生物主語構文においては，「X のために Y が from 以下の行為をすることができない［しない］」ことが言い表されます。この型の構文では，keep の代わりに prevent や stop などが現れることがありますが，意味的にはほぼ同じとしてよいでしょう。例文として，His injury prevented him from working as a policeman.（彼はケガをしたために警察官として働くことができなくなった）と His sense of right and wrong stopped him from hurting her further.（彼には善悪正邪に対する感覚があったため，それ以上彼女を傷つけるようなことはしなかった）をあげておきます。

練習問題　次の日本語を英語に直してみましょう。

(a) その住所をたどっていくとあるシーフードレストランに着いた。

(b) 彼女の言葉を聞いて自分の価値体系を考え直さざるを得なかった。

(c) その報告書を読んでその計画の要点を理解することができた。

解答例

(a) The address led me to a seafood restaurant.

(b) Her words forced me to reconsider my value system.

(c) The report allowed me to understand the outline of the project.

第3章

慣用表現

慣用表現

　慣用表現は，様々な場面でカラフルに用いられています。同じことを表現するのに慣用表現を使った言い回しとそうでない普通の言い回しがありますが，慣用表現を用いることで述べたい状況を効果的に生き生きと表現することができます。周知のように，慣用表現は，書き言葉は言うに及ばず話し言葉においても多用されています。例えば，I'm very happy. と言わずに，I'm on cloud nine. のような慣用表現を用いると，喜びの感情が効果的に聞き手に伝えられると思います。また，I looked angrily at him. と I looked daggers at him. を比較すると，同じ状況描写ではありますが，後者のように慣用表現を用いた方が強意的であるという違いがあるでしょう。このように，様々な慣用表現に関して知っておくことも，英語学習には欠かせない要素と言えると思います。

　では，まず，次の各例文を見ることにしましょう。

(a)　Her behavior **set my teeth on edge** several times.

(b)　She's kind of **a night owl**, right?

(c)　A: What does she see in John?　He's so selfish.

　　　B: Well, they say **love is blind**, don't they?

(d)　He never did anything except **eating us out of house and home**.

(e)　Don't ask me anything about physics.　**It's Greek to me**.

　(a) は，「彼女の振る舞いに何度も不愉快な思いをした」を意味します。この文中の **set one's teeth on edge** は，「～をいらいらさせる」「～に不快感を催させる」「歯が浮くように感じさせる」を意味する慣用表現です。通例，音や味あるいは人の態度や行為などが，この慣用表現の主語になります。もう一例あげておくことにしましょう。The loud music set my teeth on edge. (その騒々しい音楽にいらいらした)

　(b) の **a night owl** の直訳は，「夜のフクロウ」ですが，これは「夜更かしをする人」「夜になると元気になる人」「夜型の人」を意味する決まり文句です。したがって，(b) は，「彼女はどちらかというと夜型だよね」を意味します。

　(c) を訳してみると，「A: 彼女はジョンのどこがいいと思っているんだろう？　彼ってすごく勝手だよね。B: まあ，恋は盲目って言うじゃない。」**Love is blind**. は「恋は盲目」「あばたもえくぼ」を意味することわざです。もう一

例あげておきましょう。A: Why is she crazy about such an irresponsible man? B: Easy. Love is blind. (A: どうして彼女はあんないい加減な男に夢中なんだろうね？ B: 答えは簡単さ。恋は盲目だから)

(d) についてはどうでしょうか。この文の中の **eat 〜 out of house and home** は、「大食いをして〜を財政的に困らせる」「大食いして〜の家も財産も食いつぶす」を意味する慣用表現です。したがって、(d) は、「彼は大食いをして財政的に私たちを困らせること以外は何もしなかった」つまり、「彼がすることと言えば大食いをして私たちを財政的に困らせることだけだった」ということを述べていることになります。もう一例重ねておきましょう。Our kids are heavy eaters. They are eating us out of house and home. (うちの子供達は大食いです。彼らは家も財産も食いつぶしてしまいそうです)

(e) は、「物理学のことは何も聞かないで。全く分からないから」と訳すことができるでしょう。(e) の **It's Greek to me**. を直訳すると、「それは私にとってギリシア語だ」となりますが、be (all) Greek to 〜 は、「〜にはさっぱり分からない」「〜にはちんぷんかんぷんだ」「〜には理解できない」を意味するイディオムです。

さて、(a) から (e) まで慣用表現を見てきましたが、実は、これらはすべてシェイクスピア (1564-1616) の作品に由来します。ある表現が慣用表現として定着すると、ものすごく息が長いということを教えてくれるのが、(a) から (e) までの表現と言えるでしょう。それぞれの表現がシェイクスピアのどの作品で出ているのかを簡単に述べておきましょう。(a) の **set one's teeth on edge** に関しては、この表現の原型は旧約聖書のエレミヤ書に見られるのですが、これは、『ヘンリー４世 (Henry IV)』に、(b) の **a night owl** は、『ルークリース凌辱 (The Rape of Lucrece)』に、(c) の **love is blind** は、『ベニスの商人 (The Merchant of Venice)』に、(d) の **eat 〜 out of house and home** は、『ヘンリー４世 (Henry IV)』に、そして (e) の **It's Greek to me**. は、『ジュリアス・シーザー (Julius Caesar)』にそれぞれ由来します。これらの表現が連綿と現代まで使われ続けているというのは驚くべきことだと思われます。

以下で、さらにシェイクスピアの作品に由来する慣用表現を見ておきましょう。

151

(f)　A: Judy has **a heart of gold**.

(g)　Ah, my **green-eyed monster** is starting to raise its ugly head again.

(h)　He **wears his heart on his sleeve**.

(i)　I think you should **lie low** for a few days.

(j)　He is young, rich and handsome. **The world is his oyster**.

　(f) の **a heart of gold** は，「美しい心」「親切な心」を意味します。have a heart of gold のように have と共に用いられ，心根が優しいことを表します。したがって，(f) は，「ジュディーは心根が優しい」「ジュディーは美しい心の持ち主だ」を意味します。この a heart of gold は，『ヘンリー 5 世 (Henry V)』に由来します。

　(g) を直訳すると，「ああ，また私の緑色の目をした怪物がその醜い頭をもたげ始めている」となりますが，これを意訳してみると「ああ，自分でもいやな人を羨む気持ちがまた湧き上がってきている」あたりになるでしょうか。**the green-eyed monster** の直訳は，「緑色の目をした怪物」ですが，これは「嫉妬」の意味で用いられており，『オセロ (Othello)』に由来する表現です。現在では pale に取って代わられていますが，green は，かつては病気で顔色が悪いことを言うのに用いられていたことがあり，シェイクスピアは，嫉妬することと病気であることを同一視していたものと思われます。なお，「ものすごく羨ましがっている (very jealous)」ことを表す慣用表現として，green with envy があることも言い添えておきましょう。

　(h) は，「彼は心の内をすぐ表に出す」を意味します。**wear one's heart on one's sleeve** は，「感情を露骨に表す」「思っていることをあけすけに言う」ことを意味する慣用表現です。これは，『オセロ (Othello)』で用いられている表現です。この表現は，昔イギリスでは，男性が恋人からもらったリボンやハンカチなどを袖に結ぶ習わしがあったことに由来すると言われています。「彼女は自分の気持ちを表に出すことを恐れていなかった」は，She was not afraid to wear her heart on her sleeve. のように言うことができます。

　(i) は，「君は 2，3 日人目につかないようにするべきだと思う」を意味します。**lie low** は，『から騒ぎ (Much Ado About Nothing)』に由来し，「身を隠す」「鳴りをひそめる」「目立たないようにする」ことを言い表す決まり文句で

す。もう一例をあげておきましょう。Jane, you've got to get out of town and lie low for a while. (ジェーン，君はしばらくの間町を出て身を隠さなくてはだめだ)

(j) については，「彼は若く，金持ちでその上ハンサムだ。世界は彼の思い通りだ」と日本語訳することができます。この文に見られる The world is his oyster. は，『ウインザーの陽気な女房たち (The Merry Wives of Windsor)』に由来する慣用表現です。このように，「世界は〜の思いのままだ」は，**The world is one's oyster**. の形で表現することができるわけです。「「君はしたいことはなんでもでき，行きたいところへはどこへでも行けるよ」と彼は私に言った」は，He said to me, "The world is your oyster." と簡単に英訳できるように思われます。

以上のように，現在も便利に使われているシェイクスピアの作品に由来する慣用表現を見ました。これらはほんの一部に過ぎず，例えば，all of a sudden と break the ice は『じゃじゃ馬馴らし (The Taming of the Shrew)』に，as good luck would have it は『ウインザーの陽気な女房たち』に，また fair play は『テンペスト (The Tempest)』にそれぞれ由来しますが，英米人の中には，上で見たシェイクスピアの作品に由来する慣用表現をシェイクスピアが創作した表現とは知らずに用いている人も多いようです。

この章では，以下でいろいろな決まり文句である慣用表現や成句などを見ていくことになります。この章でも適切な英単語を空所に入れる問題を通して，便利な日常で役に立つ決まり文句を観察することにしましょう。

問1

その野球チームはがたがたになってきている。

The baseball team is (　　) apart at the seams.

　　(a) coming　(b) going　(c) tearing　(d) separating

The baseball team is coming apart at the seams.　　解答：(a)

come apart at the seams は，「縫い目がほころびる」が文字通りの意味で，本来は衣類について使う表現で，例えば，「その上着は縫い目があちらこちらほころびかけている」は，The jacket is coming apart at the seams. となります。また，比喩的に，このフレーズは「（組織などが）がたがたになる」「完全にがたがくる」「もう救いようがない」といった意味で用いられます。

練習問題　次の日本文を英語に直してみましょう。

(a) 彼は彼女に振られてだめになってしまった。
(b) 彼らの結婚生活は破綻をきたしてきている。
(c) 社長が引退してから，会社はがたがたになり始めた。

解答例

(a) He came apart at the seams when his girlfriend dumped him.
(b) Their marriage is coming apart at the seams.
(c) After the president retired, the company began to come apart at the seams.

N.B. 「がたがた」と言ってもいろいろな言葉と結びついて様々な表現が可能です。例えば，「前歯が一本がたがたになった」は My front tooth is loose now.，「会社への信頼感はがたがたになった」は Trust in the company was destroyed.，「彼女は恐怖でがたがた震えていた」は She was trembling with fear.，「がたがたする［ぐらぐらする］椅子」は a rickety chair，「がたが来た車」は a broken down old car，「A: 今日残業しなければだめなんですか？ B: がたがた言うんじゃないの。明日は休日でしょ」は A: Do I need to work overtime?　B: Don't complain. Tomorrow is a holiday.

問2

彼は本当にゴルフ好きだ。いつでもすぐにゴルフに行こうとする。

He really loves playing golf. He's ready to go golfing at the (　　) of a hat.

(a) approach　(b) sight　(c) drop　(d) fall

He really loves playing golf. He's ready to go golfing at the drop of a hat.

解答：(c)

---

at the drop of a hat は，「すぐに」「待ってましたとばかりに」「ちょっとしたことで」を意味します。アメリカの西部開拓時代に，殴り合いの決闘の開始の合図として立会人が帽子を落とす習わしがあり，帽子が落ちたら「すぐに」決闘が始まったというところからこの表現が生まれています。

練習問題 次の日本文を英語に直してみましょう。

(a) 近頃はちょっとしたことですぐに離婚する人たちが多い。
(b) 待ってましたとばかりに彼女は自分のボーイフレンドのことを話すだろう。
(c) 彼の困ったところはすぐにかんしゃくを起こすことだ。

解答例

(a) There are a lot of people who get divorced at the drop of a hat these days.
(b) She'll tell you about her boyfriend at the drop of a hat.
(c) The trouble with him is that he loses his temper at the drop of a hat.

N.B. 「すぐに」は at once が最も一般的な語で，immediately は，「間を置かずすぐに」という意味を表します。また，instantly も「間を置かずすぐに」を意味しますが，at once や immediately よりも意味が強いです。さらに，soon や right away も使用頻度は高いですが，米口語では [right] off the bat も「すぐさま」「即座に」の意味で用いられています。

問3

彼は彼女に結婚を申し込んだ。

He popped the (　　) to her.

　　(a) proposition　(b) question　(c) suggestion　(d) marriage

He popped the question to her.　　　　　　　　解答：(b)

---

pop は，「（質問など）を（人に）急にする」を意味します。また，the question はもちろん「問い」「質問」の意味ですが，典型的には Will you marry me? という問いを意味します。したがって，**pop the question to ～** で「～に結婚を申し込む」を意味することになります。「pop 人 the question」の型と「pop the question to 人」の型の二つがあります。また，「結婚を申し込む」は，「propose to 人」，「propose marriage to 人」あるいは，「make a proposal of marriage to 人」の型を用いて表現することもできます。

練習問題 次の日本語を英語に直してみましょう。

(a) 彼女に結婚を申し込んだらどうですか？
(b) そろそろ君は彼女に結婚を申し込む頃ですね。
(c) 明日勇気を奮い起こして彼女に結婚を申し込むつもりだ。

解答例

(a) Why don't you pop the question to her?
(b) It's about time you popped her the question.
(c) I'm going to get up the nerve and pop the question to her.

N.B. 「彼は彼女に結婚を申し込み，彼女はそれを喜んで受け入れた」は，He proposed to her and she accepted it with joy.，「彼は彼女に結婚を申し込んだが，彼女は断った」は He proposed to her, but she turned him down.，「彼は彼女に結婚を申し込んだ」は He made a proposal of marriage to her. のように言うことができます。

新しい監督はわれわれチームを奮い立たせてくれる。

The new manager is a spark (　　) in our team.

　　(a) man　(b) plug　(c) promoter　(d) power

The new manager is a spark plug in our team.　　　　解答：(b)

a spark plug の第一義は「（内燃機関の）点火プラグ」ですが，これは「（何かのグループ，チーム，仕事などの）中心人物，指導者，推進役」を意味するアメリカ英語の口語的な表現です。「点火プラグ」はエンジンを始動させる働きがあることから，エンジンをフル回転させる元になるものであり，そこから a spark plug が，グループやチームを活気づける中心人物を意味することは想像に難くありません。Cambridge International Dictionary of Idioms（以後，CIDI と略す）は **a spark plug** を次のように分かりやすく説明しています：a person with a lot of energy and ideas who encourages the other people in a group。

練習問題　　次の日本文を英語に直してみましょう。

(a) 新しい社長は我が社を活気づけてくれている。
(b) 彼はその運動のイデオロギーを言いひろめる推進役だ。
(c) 彼女はまさにそのグループの中心人物だ。

解答例

(a) The new president is a spark plug in our company.
(b) He is the movement's ideological spark plug.
(c) She's is the spark plug in the group.

N.B. 「彼女の熱意がこの運動の推進力となっている」は Her enthusiasm is the power that is pushing this movement forward.，「その運動がその国の政権交代の起爆剤となった」は The movement triggered the change of government in the country. と表現可能です。

問 5

最も重要な事実は，私はまだ彼女と結婚しているということです。

The bottom (　　) is I'm still married to her.

   (a) corner　(b) dollar　(c) line　(d) point

The bottom line is I'm still married to her.　　　解答：(c)

　the bottom line は，「最終結果」「総決算」「最終決定」また「要点」「肝心な点」「正味」「最も重要な事実」「最も考慮すべき点」などの意味で用いられます。そして，The bottom line is ... の形で「本当のことを言えば」「肝心な点は」「最終的には」という感じでよく使われます。上で見たように **the bottom line** を日本語に訳すといろいろとあります。しかし，OALD では **the bottom line** は次のように定義されており，その意味するところが理解しやすいように思われます。その定義は，"the most important thing that you have to consider or accept; the essential point in a discussion, etc." となっており，日本語に訳すと「考慮あるいは受け入れなければならない最も重要なこと；議論などにおける肝心な点」ということになるでしょう。

練習問題　次の日本文を英語に直してみましょう。

(a) 最も重要な事実はその国では多くの人たちが飢餓に瀕しているということだ。

(b) 肝心な点はわれわれがその問題を処理しなければならないということだ。

(c) 最終的にあなたは辞表を出すつもりなのですか？

解答例

(a) The bottom line is that many people are on the verge of starvation in the country.

(b) The bottom line is that we have to deal with the problem.

(c) The bottom line is, are you going to submit your resignation?

彼女とは距離を置いたほうがいい。

You'd better (　　) her a wide berth.

　　　(a) give　(b) get　(c) take　(d) have

You'd better give her a wide berth.　　　　　　　解答：(a)

give a wide berth to ～ は，「～に対して十分な距離をとる」「～を避ける」「敬遠する」を意味します。berth は，海事用語で「操船余地」「停泊余地」を意味します。すなわち，give a wide berth to ～ は，本来は，「操船余地をとるために，他の船や岸などとの間に広い間隔を置く」ことを意味するわけですが，船に限らず比喩的に船以外の対象に関しても使われるようになっています。

応用問題　次の日本語を英語に直してみましょう。

(a) なぜ最近彼女が私を避けているのか分からない。

(b) もし私があなただったらあんな男には近づかないでしょうね。

(c) 私は常に物理学を敬遠してきた。

解答例

(a) I don't know why she's giving me a wide berth these days.

(b) If I were you, I would give someone like him a wide berth.

(c) I've always given physics a wide berth.

N.B. 「ある程度距離を置いて彼とは付き合うべきだ」は You should maintain a certain distance from him while keeping company with hm., 「あの男は避けたほうがいい」は You're better off keeping away from that guy., 「彼女は彼を敬遠していた」は She kept him at a distance., 「ピッチャーは3番バッターを敬遠した」は The pitcher gave the third batter an intentional walk. のように表現できます。

問7

私はパーティーで緊張をほぐすためにジョークを言った。

I told a joke to break the (　　) at the party.

　　(a) mood　(b) tension　(c) ice　(d) strain

I told a joke to break the ice at the party.　　　　　解答：(c)

　もちろん，**break the ice** の字義通りの意味は，「氷を割る」「氷を砕く」ですが，慣用表現としての OALD の定義は，"to say or do sth that makes people feel more relaxed especially at the beginning of a meeting, party, etc." となっています。したがって，**break the ice** は，「(パーティーなどで) 打ち解けるきっかけをつくる」「面識のない気まずさを解消する」を意味することが分かります。上述通り，**break the ice** もシェイクスピアの作品『じゃじゃ馬ならし (The Taming of the Shrew)』に由来する，現在もよく使われている表現です。

練習問題　次の日本文を英語に直してみましょう。

(a) 彼らはその場の緊張をほぐすためにパーティー用のゲームをした。
(b) その格式張ったパーティーで面識のない気まずさを解消することは難しかった。
(c) 彼女が楽しい話をしてくれてその場の堅苦しさがほぐれた。

解答例

(a) They played a party game to break the ice.
(b) It was hard to break the ice at the formal party.
(c) She broke the ice with an amusing story.

N.B.　「彼とは初対面だったが，打ち解けて話すことができた」は It was the first time I had met him, but I was able to talk to him in a very relaxed way., 「人事部のスタッフはようやく新しい人事部長に打ち解けてきた」は The staff in the personnel division gradually lowered their guard with the new personnel director. と表現できます。

問8

彼女はその知らせを聞いて有頂天になって喜んでいた。

She was over the (　　) when she heard the news.

　　(a) moon　(b) sun　(c) stars　(d) earth

She was over the moon when she heard the news.　　解答：(a)

be over the moon は,「有頂天になって喜んでいる」「大喜びしている」「実に幸せである」を意味します。「月を飛び越えるくらい嬉しい」というイメージからこの表現が生まれたようです。この表現は, くだけた口語表現として用いられています。

練習問題　次の日本文を英語に直していましょう。

(a) 私はその仕事に就けたので有頂天になって喜んでいました。
(b) 彼は彼女の優勝の知らせを聞いたら有頂天になって喜ぶでしょう。
(c) 彼女は入学試験に合格して有頂天になって喜んでいました。

解答例

(a) I was over the moon because I got the job.
(b) He will be over the moon when he hears the news of her winning the championship.
(c) She passed the entrance exam and was over the moon.

N.B. 「私は司法試験に合格できて有頂天だった」は When I passed the National Bar Examination, I felt as if I was walking on air.,「彼は自分の夢が叶って有頂天だった」は He was beside himself with joy when he made his dreams come true.,「一度試合に勝ったからって有頂天にならないで」は Don't get carried away just because you won the game once.,「彼女は優勝して有頂天だった」は She won the championship and was on cloud nine. と言えます。

問9

彼の昇進が話題になった時，部長は彼を推薦した。

The department manager made a (　　) for him when his promotion became the topic of a talk.

　　　(a) bet　(b) kick　(c) pitch　(d) hit

The department manager made a pitch for him when his promotion became the topic of a talk.

解答：(c)

make a pitch for ～ は，「～に賛成の発言をする」「～を推薦する」「～を宣伝する」「(援助・お金などを) 要請する」「～を (説得によって) 手に入れようとする」を意味します。このフレーズの pitch の意味は，「売り込み」「宣伝」です。

練習問題　次の日本文を英語に直してみましょう。

(a) その政治家は新税法案に賛成の発言をした。

(b) テレビでその女優はあるメーカーの新製品をいくつか宣伝していた。

(c) 市は新しい道路の建設をするため政府にさらなる資金を要請した。

解答例

(a) The politician made a pitch for the new tax bill.

(b) The actress made a pitch for some new products of a maker on TV.

(c) The city made a pitch for more money from the government to build new roads.

N.B.　「われわれは彼を会社の会長に推薦した」は We recommended him for chairman of the board of directors.，「その出版社は新しい英和辞典を出すと宣伝した」は The publishing company advertised that it would publish a new English-Japanese dictionary.，「彼らは彼女に更なる援助を要請した」は They made a request to her for further aid. のように表現できます。

私たちは草の根を分けても彼女を捜し出してみせます。

We'll leave no (　　) unturned to find her.

　　(a) grass　(b) stone　(c) root　(d) everything

We'll leave no stone unturned to find her. 解答：(b)

　　LDCE によると，"to do everything you can in order to find something or to solve a problem" が **leave no stone unturned** の定義です。したがって，このフレーズは，「（～を探すために）あらゆる手段を講ずる」「問題解決のためにあらゆる手段を使う」を意味することになります。

練習問題　次の日本文を英語に直してみましょう。

(a) 警察はその殺人犯を見つけ出すためにあらゆる手を尽くすだろう。

(b) あなたが紛失したハンドバッグを見つけてあげます。あらゆる手段を講じますから。

(c) 社長は危機を乗りきろうと八方手を尽くした。

解答例

(a) The police will leave no stone unturned to find the murderer.

(b) I'll find your missing handbag. I'll leave no stone unturned.

(c) The president left no stone unturned in trying to survive the crisis.

N.B.　次のような表現も確認しておきましょう。

① 彼はあの手この手を使ってその情報を集めた。

　　He used every possible means to get the information.

② そのセールスマンはあらゆる手段を講じて契約を取ろうとした。

　　The salesman took all possible steps to get the contract.

③ その医師はいろいろと手を尽くしたが，患者を救えなかった。

　　The doctor tried everything he could, but he couldn't save the patient.

問11

社長と副社長は新しい企画のことで言い争った。

The president locked (　　　) with the vice president over the new project.

　　(a) horns　(b) swords　(c) arms　(d) guns

The president locked horns with the vice president over the new project.

解答：(a)

lock horns with ~ (over ...) は，「(... をめぐって）〜と言い争う，意見が対立する」を意味します。角を持った雄の動物が別の雄と互いの角を交えて争う様子からこの表現が生まれたようです。しかし，この表現は，実際に対決するというのではなく，通例，口頭で争うことを意味します。

練習問題　次の日本文を英語に直してみましょう。

(a) ポールとジョンはいかにその問題を処理するかをめぐって言い争った。
(b) 私はあなたとそんな些細なことでけんかをしたくありません。
(c) ジョージとスーは彼らの子供の教育をめぐって意見が対立した。

解答例

(a) Paul locked horns with John over how to deal with the issue.
(b) I don't want to lock horns with you over such a trivial thing.
(c) George locked horns with Sue over their children's education.

N.B.　以下の表現も確認しておきましょう。

① 君たちはしょっちゅうくだらないことで言い争っていますね。
　　You're always quarreling over trifles.
② 彼は彼女とお金のことで言い争った。
　　He had a row with her about money.
③ 彼女は娘のことで夫と言い争いをした。
　　She had an argument with her husband about their daughter.

大統領はオフレコで 2，3 発言した。

The president made a few remarks off the (　　　).

(a) information　(b) report　(c) record　(d) secret

The president made a few remarks off the record.　　解答：(c)

日本語の「オフレコ」は，**off the record** から作られた言葉です。定冠詞の the が用いられますから注意が必要です。record は「記録」を意味し，off は「分離」を表しますから，**off the record** は「記録からはずして」すなわち「記録外で」を意味します。そこからこのフレーズは，「記録にとどめないで」「非公式で」「非公開の」あるいは「内密の」のような意味をカバーするわけです。

練習問題　次の日本文を英語に直してみましょう。

(a) この会話は完全にオフレコですよ。
(b) オフレコでお話しできませんか？
(c) 何があったかあなたに教えましょう―ここだけの話で。

解答例

(a) This conversation is completely off the record.
(b) Can I talk to you off the record?
(c) I'll tell you what happened—off the record.

N.B. 次のような表現も確認しておきましょう。

① ここだけの話だけど，ケイトは実は結婚しているんだ。
　　Just between you and me, Kate is actually married.
② この計画は極秘だからね。
　　This project is hush-hush.
③ 実は，内緒でお耳に入れたいことがあります。
　　To be frank with you, there's something I want to tell you in confidence.

問 13

運よく，今手があいています。

As luck would have (　　), I'm free at the moment.

　　(a) this　(b) that　(c) these　(d) it

As luck would have it, I'm free at the moment.　　解答：(d)

as luck would have it は，「運良く」あるいは「運悪く」のいずれかの意味で用いられます。したがって，文脈次第で良い意味になったり良くない意味になったりします。ただし，明確にいずれかの意味を言い表すために，good, bad あるいは ill を付けることがあります。また，「偶然にも」の意味でこのフレーズが用いられることもあります。この **as luck would have it** も，上述したように，シェイクスピアの作品『ウィンザーの陽気な女房たち（The Merry Wives of Windsor)』に由来します。

練習問題　次の日本文を英語に直してみましょう。

(a) 運よく，そのコンサートのチケットを手に入れることができた。
(b) 運悪く，列車事故のためその会議に出席できなかった。
(c) ひょんなことから私は彼女を知るようになった。

解答例

(a) As luck would have it, I was able to get a ticket for the concert.
(b) I couldn't attend the meeting because of the railway accident, as bad luck would have it.
(c) I got to know her, as luck would have it.

N.B. 次のような表現も確認しておきましょう。
　　待ち合わせの時間を間違えたが，運よく彼はまだ私を待っていてくれた。
　　I mistook when we were supposed to meet, but by a stroke of luck, he was still waiting for me.

問14

副社長が会社の予算の大部分をコントロールしている。

The vice president controls the lion's (　　) of the company's budget.

　　(a) portion　(b) share　(c) score　(d) division

| The vice president controls the lion's share of the company's budget. | 解答：(b) |

　the lion's share は「～の一番大きい部分」を意味します。この表現は，ライオンが他の動物たちと一緒に狩りに出かけて獲物を分ける時にそのほとんどを独り占めしたという，イソップ物語に由来します。つまり，**the lion's share** の本来の意味は「最大の分け前」ということになりますが，この表現の英語の定義は，Oxford Business English Dictionary によると，"the largest or best part of something when it is divided" となっていますから，「大部分」の意味に加えて，「一番いいところ」の意味で解釈されることもあるということです。

練習問題　次の日本文を英語に直してみましょう。

(a) 彼が実質的にその仕事の大部分をしたのです。
(b) 彼は亡くなって莫大な財産を残したが，彼の妻が大部分を手に入れた。
(c) 一番いいところをもらったのは彼女だった。

解答例

(a) He substantially did the lion's share of the work.
(b) He left a huge estate when he died and his wife got the lion's share.
(c) It was she who fell in for the lion's share.

N.B. lion を含む他の慣用表現に，a lion in the way [path]（(特に，想像上の)前途に横たわる障害，危難），throw 人 to the lions（(部下・友人などを)犠牲にする，裏切る），an ass in a lion's skin（強そうに振る舞う臆病者）などがあります。

問15

キャロルが結婚するとうわさに聞いています。

I've heard on the (　　) that Carol is going to get married.

　　(a) apple pie　(b) lemon　(c) grapevine　(d) pine tree

I've heard on the grapevine that Carol is going to get married.

解答：(c)

hear on the grapevine は，「～ということをうわさで聞く」を意味します。on の代わりに through が用いられることもあります。この慣用表現の英語の定義は，CIDI によると，"to hear news from someone who heard the news from someone else" とあります。on [through] the grapevine の文字通りの意味は「ブドウのつるを通して」となりますが，ブドウのつるを「電話線」の代用品に見立てたところからこの表現が生まれたという説があります。「ブドウのつる」があちらこちらに伸びて広がっていくようにうわさ話が人の口から口へと伝わっていくイメージが背後にあるように思われます。

練習問題　次の日本文を英語に直してみましょう。

(a) 彼女の昇進のことは人づてに聞きました。
(b) 彼が会社を辞めるということを風のうわさで聞きました。
(c) ジェーンが妊娠しているということをうわさで聞いています。

解答例

(a) I heard about her promotion on [through] the grapevine.
(b) I heard on [through] the grapevine that he will leave the company.
(c) I've heard on [through] the grapevine that Jane is pregnant.

N.B.　誰から聞いたのかぼかして言う時には，A little bird told me が便利で「風の便りに聞いた」という感じで使われます。例えば，A little bird told me he's getting married to Sue.（彼がスーと結婚すると風の便りに聞きました）

問 16

昨夜彼女は私たちと食事をしました。

She broke (　　) with us last night.

    (a) food (b) meat (c) bread (d) wheat

She broke bread with us last night.　　　　　　　　　　解答：(c)

---

break bread with ～ は，「～と食事をする」を意味します。文字通りの意味は「～と共にパンをちぎる」ですが，パンが欧米人にとって主食であることから，このような表現が生まれたものと考えられます。つまり，この表現は部分を述べることによって全体を言い表す比喩的な表現，つまり，換喩的（metonymic）な表現ということになります。このような発想は日本語の「ご飯を食べる」にも見られます。もちろん，文字通りに「ご飯」だけを食べることは通常あり得ず，「ご飯を食べる」が「食事をする」を意味することは言うまでもありません。

練習問題 次の日本文を英語に直してみましょう。

(a) 昨日私は彼と食事をしました。
(b) 彼と食事をしたのは昨日でした。
(c) 私が昨日食事をしたのは彼とだったのです。

解答例

(a) I broke bread with him yesterday.
(b) It was yesterday that I broke bread with him.
(c) It was with him that I broke bread yesterday.

N.B. 日本語の「飯の種」に相当する英語は bread and butter です。これは日本語版の「ご飯と漬け物」のような関係でしょうか。bread and butter は，「生計の糧」「生計の手段」を意味します。例文として I run a small shop, and it's my bread and butter.（小さなお店を経営していますが，それが私の生業なのです）をあげておきます。

問 17

衝動的に私はお店の中に入ってその指輪を買ってしまった。

On an (　　　), I went into the shop and bought the ring.

(a) impulse　(b) impression　(c) impromptu　(d) impasse

On an impulse, I went into the shop and bought the ring.　解答：(a)

impulse は「衝動」「(心の) はずみ」「一時の感情，欲求」を意味し，**on an impulse** で「衝動的に」「思わず」「その場の思いつきで」などの意味を表します。また，不定冠詞を伴わない on impulse も同じ意味で用いられます。

練習問題　次の日本文を英語に直してみましょう。

(a) 衝動的に彼はそのような行動をとった。

(b) 彼女はそのドレスを衝動買いした。

(c) 私たちはその場の思いつきでテニスをすることにした。

解答例

(a) On (an) impulse, he acted like that.

(b) She bought the dress on (an) impulse.

(c) We decided on (an) impulse to play tennis.

N.B.　次のような表現も確認しておきましょう。

① 彼女はそのスカートを衝動買いした。

　 She bought the skirt on the spur of the moment.

② その時のはずみで彼らは結婚した。

　 They got married on the impulse of the moment.

③ 私はちょっとしたもののはずみでそんなことを言ってしまった。

　 I said such a thing merely by chance.

④ 私はハワイ旅行への衝動に駆られた。

　 I had [felt] an urge to visit Hawaii.

問18

その名前は何かしら思いあたるところがあります。

The name rings a (　　　).

　　(a) hint　(b) bell　(c) reminder　(d) recall

The name rings a bell.　　　　　　　　　　　　　　　　解答：(b)

---

something rings a bell は，「〜が何となく思い当たる」「〜に聞き覚えがある」を意味します。何かのフレーズや単語を聞いた時に，それを以前に聞いたことがあれば 〜 rings a bell が用いられます。「何か」に相当するものは特に「人名」「地名」などです。

練習問題　次の日本文を英語に直してみましょう。

(a) トム・ジョーンズという名前に思い当たるところがありますか？

(b) その町の名前を聞いても何も思い当たるところはありませんね。

(c) エイミー・ブラウンに会ったことはないけど，彼女の名前は聞き覚えがあります。

解答例

(a) Does the name "Tom Jones" ring a bell?

(b) The name of the town doesn't ring a bell.

(c) I've never met Amy Brown, but her name rings a bell.

N.B. 以下のような表現も確認しておきましょう。

① そう言われればなるほど思い当たるふしがあります。
　　Now you mention it, I remember. / That reminds me of something.

② 彼女の名前を聞いて何か思い当たるふしはありませんか？
　　When you hear her name, does it remind you of anything?

③ なぜ彼がそう言ったのか，その理由が思い当たらない。
　　I just can't figure out why he said that. / I can't think of any reason why he said that.

問 19

> その本屋は見つかりませんでした。見つかりそうもないものを探そう
> として3時間も時間を無駄にしてしまいました。
> I couldn't find the bookstore. I spent three hours on a wild-goose
> (　　　).
> 　　(a) waste　(b) chase　(c) catch　(d) pursue

I couldn't find the bookstore. I spent three hours on a wild-goose chase.	解答：(b)

　a wild-goose chase は,「当てのない追求」「見込みのない追求」「むだな努力」「無駄骨を折ること」を意味します。一説によると,鉄砲のなかった時代,野生のガンを捕獲することが非常に困難であるという認識があったところからこの表現が生まれたとされています。そこから,存在しないため,あるいは誤まった情報を教えられために,見つかるはずのないものを探そうとして時間を無駄に使う状況描写にこのフレーズが用いられます。この **a wild-goose chase** も,シェイクスピアの作品『ロミオとジュリエット (Romeo and Juliet)』に由来する,現在もよく使われる慣用表現です。

練習問題　次の日本文を英語に直してみましょう。

(a) 彼女は無駄骨を折らされていたことが分かり,すごく怒っていた。
(b) 無駄な努力になるかもしれませんが,それを探してみましょう。
(c) 私はその間違った情報に振り回されてしまいました。

解答例

(a) She was very angry because she realized that she had been sent out on a wild-goose chase.
(b) I'll try to find it, though it may turn out to be a wild-goose chase.
(c) The wrong information led me on a wild-goose chase.

問 20

あいにく，手がふさがっています。

Unfortunately, my hands are (　　　).

    (a) blocked　(b) closed　(c) roped　(d) tied

Unfortunately, my hands are tied.　　　　　　　　　　解答：(d)

My hands are tied. の文字通りの意味は，「私の両手は縛られている」ですが，これは，「両手の自由がきかない」すなわち「手がふさがっている」の意味で用いられます。また，この表現は，「やりたいように振る舞えない」「手も足も出ない（何もできない）」「身動きがとれない」の意味にも対応します。いずれにせよ，someone's hands are tied は，両手が縛られている状態を表すわけですから，自由に物事が運べない状況の描写として感じ取ることはたやすいでしょう。

練習問題　次の日本文を英語に直してみましょう。

(a) あなたの仕事のお手伝いができればいいのですが，手がふさがっています。

(b) 社長は「君の給料を上げたいと思っているが今は何もできない」言った。

(c) 手も足も出ません。私にはあなたにそれをすることを許す権限がないのです。

解答例

(a) I wish I could help you with your job, but my hands are tied.

(b) The boss said, "I'd like to raise your pay, but my hands are tied now."

(c) My hands are tied. I have no authority to permit you to do that.

N.B. 「～を身動きがとれないようにする」は tie someone's hands であり，例えば，「強盗は彼女の両手を縛った」は，The robber tied her hands. となります。また，「あなたの仕事をお手伝いしたいところなのですが，部長が自由に行動させてくれないのです」は，I'd like to help you with your work, but the manager has tied my hands. と比喩的に表現できます。

問 21

彼は定職もなく 1 年間ぶらぶらしていた。

He was at (　　) ends for one year.

    (a) untied (b) infirm (c) loose (d) limp

He was at loose ends for one year.   解答：(c)

be at loose ends は，restless and unsettled（落ち着かず不安定な），unemployed（失業した，仕事のない）あるいは to have nothing to do（することがない）を意味します。したがって，この表現は「何もすることがなく身をもてあましている」あるいは「暇で，ぶらぶらしている」状態を表します。なお，**be at loose ends** はアメリカ英語で，イギリス英語では **be at a loose end** の形が用いられています。

練習問題 次の日本文を英語に直してみましょう。

(a) 彼は失業してから身をもてあましています。
(b) 彼女は時々週末に身をもてあましてしまうことがあります。
(c) 春休みが始まってから，我が家の子供たちは暇をもてあましている。

解答例

(a) He's been at loose ends since he lost his job.
(b) She sometimes finds herself at loose ends on weekends.
(c) Ever since spring vacation started, our kids have been at loose ends.

N.B. 次のような「ぶらぶら」する様子の表現も見ておきましょう。

① 昨日はずっと家でぶらぶらしていました。
   I loafed around at home yesterday.
② 彼女は一日中モールをぶらぶらして過ごした。
   She spent the whole day loafing around the shopping mall.

君は間違っていたよ。あんなこと言うべきじゃなかったよ。

You were off (　　　). You shouldn't have said that.

　　(a) base　(b) point　(c) correction　(d) line

You were off base. You shouldn't have said that.　　　解答：(a)

off base は，野球用語で「離塁して」を意味し，例えば，The runner was off (the) base. (ランナーは塁を離れていた) のように用いられます。しかし，この表現は，比喩的に，wrong や inexact の意味でもよく用いられています。この場合，**be off base** は，「間違っている」「不正確である」を意味することになります。この表現は，人の考え方・態度・行為が間違っていることを述べる場合に用いられます。

練習問題 次の日本文を英語に直してみましょう。

(a) 君の計算はまるで間違っていたよ，ジェーン。
(b) あなたは全く間違っています。
(c) 社長は彼の報告書を不正確であるとして受け取らなかった。

解答例

(a) Your calculations were way off base, Jane.
(b) You're way off base.
(c) The boss didn't receive his report as off base.

N.B. ほかに base を用いた決まり文句には，catch 人 off base があります。これは文字通りには，「走者を牽制球で刺す」ことを意味し，The pitcher caught the runner off base. (ランナーは離塁してピッチャーに刺された) のように使われます。また，比喩的には「(不意をついて) 人を戸惑わせる」の意味で用いられます。例えば，「私は不意にその質問をされて戸惑った」は I was caught off base with the question. と表現することができます。

問23

申し訳ありませんが，その人の名前を明かすわけにはいきません。

I'm sorry, but I'm not at (　　) to disclose the name of the person.

　　(a) freedom　(b) liberty　(c) position　(d) domination

I'm sorry, but I'm not at liberty to disclose the name of the person.

解答：(b)

at liberty の第一義は「自由で」「開放されて」で，例えば，The police set him at liberty.（警察は彼を釈放した）のように用いられますが，**be at liberty to 不定詞**の形では，「（好きなように）… してよい」「（自由に）… できる」の意味で使われます。

練習問題 次の日本文を英語に直してみましょう。

(a) あなたは好きなように私の部屋を使ってもかまいません。

(b) 私たちは小社の秘密を公表するわけにはまいりません。

(c) 残念ですが，彼の誕生日パーティーには出席できません。

解答例

(a) You're at liberty to use my room.

(b) We're not at liberty to give out our company's secret.

(c) I'm sorry, but I'm not at liberty to come to his birthday party.

　　「注：この文は，単に I'm sorry, but I cannot come to his birthday party. と比べると格式ばった文です」

N.B. 「彼らは自由にその企画について話し合った」は They talked about the project with freedom.，「誰でもその図書館に自由に出入りできます」は Anyone can use the library without any restrictions.，「彼はフランス語を自由に話せる」は He's fluent in French.，「私の書斎を自由に使ってください」は You're welcome to use my library. のように表現できます。

問24

> 私の車は完全に動かなくなっている。
>
> My car is as dead as a (　　　).
>
> 　　　(a) doorknob　(b) doornail　(c) doorbell　(d) doormat

My car is as dead as a doornail.	解答：(b)

　　dead as a doornail は，「完全に死んで」「完全に壊れて」「（望み・計画などが）完全にだめで」「全く作動しないで」を意味します。doornail は「（昔ドアの飾りに打ちつけた）鋲釘」のことで，as a doornail の文字通りの意味は「鋲釘のように」です。大工の専門用語で釘を半分まで打ち込んで横に曲げることを dead-nailing と言うそうです。釘が横になっている様子はちょうど人などが横になって死んでいる様子を連想させ，そこから **as dead as a doornail** が生まれたという説がありますが，実は，この表現もシェイクスピアの『ヘンリー六世（Henry VI Part II）』に登場しています。これまで見てきたことから言えることは，シェイクスピア作品に由来する多くの表現が，現代英語に浸透しているということです。ひょっとすると，ネイティブスピーカーの中にはシェイクスピアが創作した表現をそうだとは知らずに使っている人も意外にいるかもしれません。

練習問題 次の日本文を英語に直してみましょう。

(a) その男は完全に死んでしまっていた。
(b) そんな馬鹿げた迷信はもはや存在しない。[迷信（じみた話）は old wives' tale]
(c) 会社が倒産したため，彼らの企画は完全にだめになってしまった。

解答例

(a) The man was as dead as a doornail.
(b) That silly old wives' tale is as dead as a doornail.
(c) Because of the bankruptcy of the company, their project was as dead as a doornail.

問 25

さあ，今度は君の番だ。

The ball's in your (　　　).

(a) court　(b) ground　(c) table　(d) garden

The ball's in your court. 　　　　　　　　　　　　解答：(a)

The ball is in someone's court. は「(行動や決断をすることについて) さあ今度は〜の番だ」を意味します。この表現はテニスに由来します。The ball's in your court. は「さあ，今度は君の番だ」を意味しますが，ボールが自分のコートに来たらそれを相手のコートに打ち返さなければゲームが続かないことから，「君が何かを実行する番だ」という意味の決まり文句として使われます。つまり，The ball's in your court. は，Now it's your turn to decide. (さあ，今度は君が決断する番だ)，あるいは Now it's your turn to take action. (さあ，今度は君が行動を起こす番だ) を意味するわけです。

練習問題　次の日本文を英語に直してみましょう。

(a) 社長が君にその仕事をくれたよ。今度は君がそれを実行する番だ。

(b) これが私の最終提案だ。今度は君が決断する番だ。

(c) 今度はトムの番だ。彼がその条件にどう対応するか見守ろう。

解答例

(a) The boss gave you the job, so the ball's in your court.

(b) This is my final proposal.　The ball's in your court.

(c) The ball's in Tom's court.　Let's watch what response he is going to make to the conditions.

N.B. 「部屋の掃除をするのは誰の番ですか？」は Whose turn is it to clean the room?，「3 時間待ってようやく順番が回ってきた」は After waiting three hours, my turn finally came. のように言えます。

問 26

テニスは彼女の好みじゃありません。

Playing tennis isn't her cup of (　　).

　　(a) coffee　(b) milk　(c) tea　(d) juice

Playing tennis isn't her cup of tea. 　　　　　　　　　解答：(c)

---

　be someone's cup of tea は,「～が好みである」「～に興味がある」「～が得意である」を意味します。この内容をこの慣用表現を使わずに言うと, be exactly what someone likes [does] best ということになります。この表現は, イギリス人の紅茶好きから生まれました。「紅茶の銘柄や飲み方は人によって好みが違うものだ」という発想がこの表現の由来であると言われています。Boxing is my cup of tea.（ボクシングに興味があります）のように肯定文で用いられる場合もありますが, たいていは否定文で用いられるほうが多いようです。

練習問題 次の日本文を英語に直してみましょう。

(a) 野球は彼女の好みではありません。
(b)「彼は私のタイプじゃないわ」と彼女は言った。
(c) 水泳はあまり得意じゃありません。

解答例

(a) Baseball is not her cup of tea.
(b) She said "He's not my cup of tea."
(c) Swimming is not my cup of tea.

N.B.「数学は私の好きな科目の1つです」は Math is one of my favorite subjects.,「彼は長いストレートヘアの女性が大好きだ」は He has a thing about girls with long straight hair.,「彼女は甘いものが大好きです」は She loves sweets.,「彼は彼女にぞっこんなのです」は He is deeply in love with her.,「好きこそ物の上手なれ」は What one likes, one will do well.

問27

彼はある研究に没頭していた。

He was up to his (　　) in some research.

　　(a) head　(b) eyebrows　(c) face　(d) legs

He was up to his eyebrows in some research.　　　　解答：(b)

be up to one's eyebrows in ～ には「～に没頭している」「～に熱中している」という意味があります。この表現は，「眉毛のところまでどっぷりと何かの中に入ってしまっている」ことを言い表しており，比喩的に「～に没頭[熱中]している」ことを表すというわけです。場合によっては，マイナスの意味で「身動きがとれない」ことを言い表すこともあります。He's in it (＝trouble) up to his eyebrows.（彼はまったく困りきっている）のような例がそうです。このように「身動きができない」状態を表す表現としては，eyebrows の代わりに neck や eyeballs あるいは eyeteeth が用いられることもあります。He's up to his neck [eyeballs, eyeteeth, eyebrows] in debt. は「彼は借金で身動きがとれない」「彼は借金で首が回らない」を意味します。

練習問題　次の日本文を英語に直してみましょう。

(a) 時のたつのを忘れて彼は読書に熱中していた。
(b) 今日は君に会えないよ。宿題で身動きがとれなくて。
(c) 彼女は仕事に没頭しているから時間通りには退社しないだろう。

解答例

(a) He was up to his eyebrows in reading, forgetful of the time.
(b) I can't see you today. I'm up to my eyebrows in homework.
(c) She won't leave the office because she's up to her eyebrows in her work.

問 28

> きっと，彼女は君の誕生日パーティーには来ないだろう。
>
> Ten to (　　), she will not come to your birthday party.
>
> 　　(a) one　(b) nine　(c) zero　(d) ten

Ten to one, she will not come to your birthday party.	解答：(a)

　ten to one は，「10 対 1」で賭けるという発想からの表現で，「十中八九まで」「九分九厘」「きっと」の意味で用いられます。

練習問題　次の日本文を英語に直してみましょう。

(a) 十中八九彼はその試験に落ちるだろう。

(b) 今年は九分九厘そのチームが優勝するだろう。

(c) きっと彼女は会議に遅れるでしょうね。

解答例

(a) Ten to one, he will fail the examination.

(b) Ten to one, the team will win the championship this year.

(c) It's ten to one (that) she'll be late for the meeting.

N.B.　ten to one 以外で「十中八九」「きっと」の意味を表す表現に in nine cases out of ten, dollars to doughnuts あるいは in all probability などがあります。例をあげておきましょう。

① 十中八九あなたは自分の夢を実現することができるでしょう。

In nine cases out of ten, you'll be able to make your dreams come true.

② きっと再び景気がいい時がやってくるだろう。

I'll bet you dollars to doughnuts the time will come when business is active once again.

③ きっと彼女は君の誕生日パーティーに来てくれないだろう。

In all probability she will not come to your birthday party.

問29

A: 試験は難しかったですか？　　B: 楽勝だったですよ。

A: Was the exam difficult?　　　B: No, it was a piece of (　　　).

　　(a) cake　(b) bread　(c) an apple　(d) fish

A: Was the exam difficult?　B: No, it was a piece of cake.　　解答：(a)

　a piece of cake は，「楽勝」「朝飯前」「容易にできること」に相当する決まり文句です。文字通りの意味は「一切れのケーキ」ですが，一切れのケーキを食べることなどわけのないこと，すなわち，簡単だという発想から **a piece of cake** が生まれたと言われています。

練習問題　次の日本文を英語に直してみましょう。

(a) A: 明日の運転免許の実地試験のことが心配だな。
　　B: 心配しないで。そんなの朝飯前さ。

(b) 彼女を喜ばせることなど朝飯前だよ。

(c) その仕事は楽勝だと思っていたが，それを終えるのはなかなかきつかった。

解答例

(a) A: I'm worried about the driving test tomorrow.
　　B: Don't worry. It'll be a piece of cake.

(b) Pleasing her will be a piece of cake.

(c) I thought the job was going to be a piece of cake, but finishing it was pretty hard.

N.B. 他に「簡単にできること」を言い表す表現をあげておきましょう。

① そんなの楽勝さ。5歳の子供でもできるよ。
　　It's as easy as pie. Even a five-year old child can do it.

② 「奴を負かすのは朝飯前さ」とチャンピオンは言った。
　　"Beating that guy will be child's play," said the champ.

頼むよ，もうこれ以上事を荒立てないでくれ。

Please, I beg you, don't rock the (　　) anymore.

    (a) chair　(b) vessel　(c) vehicle　(d) boat

Please, I beg you, don't rock the boat anymore.	解答：(d)

  rock the boat は「事を荒立てる」「波風を立てる」を意味します。このフレーズの文字通りの意味は，「ボートを揺らす」で，Hey! Don't rock the boat.（おい，ボートを揺らすなよ）のように用いられます。比喩的な表現としては，to do or say something that causes problems, especially if you try to change a situation which most people do not want to change と CIDI では定義されています。また，*NTC's American Idioms Dictionary* では，to disturb a situation which is otherwise stable and satisfactory とあります。したがって，**rock the boat** は，「うまく行っている，あるいは安定している状態を乱す」ことを意味することになります。ちなみに，miss the boat は，「好機を逃す」を意味する口語的な慣用表現です。

練習問題　次の日本文を英語に直してみましょう。

(a) あなたは私が現状を変えようとして波風を立てるとでも思うのですか？

(b) 私は彼の提案に反対だったが，黙っていたのは事を荒立てたくなかったからだ。

(c) 「このことは他言せず波風を立てないようにしてくれ」と社長は言った。

解答例

(a) Do you think I'd rock the boat by trying to change the present situation?

(b) I was against his proposal, but I remained silent because I didn't want to rock the boat.

(c) "Keep your mouth shut about this and don't rock the boat," said the boss.

聖書に由来する慣用表現

　この章の最初にシェイクスピアの作品に由来する慣用表現を見ましたが，ここでは，聖書に由来する慣用表現を見ておくことにしましょう。

(a)　He escaped from the fire **by the skin of his teeth**.

(b)　He always **casts the first stone**. I wonder if he thinks he's perfect.

(c)　I gave him a ticket to the classical concert, but it was **casting pearls before swine**.

(d)　We love living here.　**The only fly in the ointment** is that our house is far from the train station.

(e)　He couldn't see **the writing on the wall**.

　(a) は「彼はその火事現場から間一髪で逃げた」を意味します。この文中の **by the skin of one's teeth** は，「間一髪で」「かろうじて」「ぎりぎりで」を意味する慣用表現です。旧約聖書『ヨブ記』の 19 章 20 節に，My bones cling to my skin and to my flesh, and I have escaped by the skin of my teeth.（わたしの骨は皮と肉につき，わたしはわずかに歯の皮をもってのがれた）とあり，**by the skin of one's teeth** はここに由来します。もう一例追加しておきましょう。She graduated from college by the skin of her teeth.（彼女はかろうじて大学を卒業した）

　(b) の **cast the first stone** は，新約聖書『ヨハネによる福音書』の 8 章 7 節に由来します。この表現は，イエスの，"He that is without sin among you, let him first cast a stone at her."（あなたたちの中で罪を犯したことのない者が，まず，この女に石を投げなさい）という言葉がもとになっています。Cast not the first stone は，ことわざで，「先に立って石を投げつけるな」つまり，人を非難する前に自分のことを反省するように促す表現として用いられます。そして，**cast the first stone** は，「人の先に立って非難［糾弾］する」「非難の口火を切る」という意味の慣用表現として使用されています。すると，(b) は，「彼はいつも人の先に立って人の非難をする。彼は自分のことを完璧だと思っているのだろうか」と訳すことができるでしょう。もう一例重ねておきましょう。We suspect that our boss greased the palm of the mayor. But it would be dangerous to cast the first stone.（私たちは社長が市長に賄賂を贈ったと疑ってい

る。しかし，糾弾の口火を切るのは危険だろう）

　(c) の **cast pearls before swine** は，「豚に真珠を投げる」ということですが，これは，新約聖書『マタイによる福音書』の 7 章 6 節 Do not give what is holy to the dogs, nor cast your pearls before swine, lest they trample them under their feet, and turn and tear you in pieces.（神聖なものを犬に与えてはならず，また，真珠を豚に投げてはならない。それを足で踏みにじり，向き直ってあなたがたにかみついてくるだろう）に由来します。(c) は，「彼にそのクラシック・コンサートのチケットをあげたけれど，豚に真珠だったよ」と訳すことができます。「猫に小判」の英語版が，"pearls before swine" ということになるでしょう。

　(d) は「ここでの生活がすごく気に入っています。でも唯一の欠点は私たちの家は駅から遠いということなんです」を意味します。旧約聖書『伝道の書』10 章 1 節にある Dead flies make the perfumer's ointment give off a foul odour; so a little folly outweighs wisdom and honour.（死んだはえは，香料を造る者のあぶらを臭くし，少しの愚痴は知恵と誉れよりも重い）から，**a fly in the ointment** という慣用表現が生まれています。このフレーズは，「唯一の欠点」「玉にきず」「（物事を台無しにする）人［物］」などの意味で用いられます。もう一例あげておきましょう。The offer sounds good, but there must be a fly in the ointment somewhere.（その申し出は聞こえはいいけれど，どこかに気に障るちょっとした欠点があるはずだ）

　(e) の **the writing on the wall** は，旧約聖書『ダニエル書』の第 5 章 5 節 Immediately the fingers of a human hand appeared and began writing on the plaster of the wall of the royal palace, next to the lampstand.（突然人の手の指があらわれて，燭台と相対する王の宮殿の塗り壁に物を書いた）に由来します。**The writing on the wall** は，「差し迫った災難の兆し」「不吉な前兆」を意味します。この表現は，バビロン王国の最後の王ベルシャザルが，酒宴を開いている際，突然手が現れて宮殿の壁に彼の運命を示す文字を書いたが，誰もその意味を解読できなかったので，王は神の預言者であるダニエルを召し，ダニエルはそれを解読し，ベルジャザルの王国は絶えると予言したという話がベースになっています。前置きが長くなってしまいましたが，(e) は，「彼は何か悪いことが起こる前兆を感じとれなかった」を意味します。the writing on the wall の別形に the handwriting on the wall もあります。また，**the writing is**

on the wall は，「（失敗・災害などの）前兆が現れている」「災難が迫っている」ことを意味します。したがって，I think the writing is on the wall. は，「何か悪いことが起こると思う」を意味することになります。

　以下でさらに聖書に由来する慣用表現を見ていくことにしましょう。

(f) Marsha is Mike's only granddaughter, and she is **the apple of his eye**.

(g) **You reap what you sow**.

(h) Don't trust that man.　He seems gentle and nice, but I've heard he's **a wolf in sheep's clothing**

(i) Mr. Mason is **the salt of the earth**.　He is a man with a big heart.

(j) I **see eye to eye** with him on the majority of issues.

　(f) は，「マーシャはマイクのたった一人の孫娘で，目に入れても痛くないほど彼女をかわいがっている」を意味します。(f) の the apple of his eye ですが，これは旧約聖書『申命記』の32章5節 He found him in a desert land, and in the waste howling wilderness; he led him about, he instructed him, he kept him as the apple of his eye. (主はこれを荒野の地で見出し，獣のほえる荒地で会い，これを巡り囲んでいたわり，目のひとみのように守られた) に由来します。**the apple of one's eye** の形で，「非常に大切にしている人［物］」「とてもかわいがっている［かわいがられている］人」を意味しますが，the apple は，「りんご」ではなく「瞳」の意味で用いられています。つまり，「（その人にとって瞳のように）大切なもの」という発想から，**the apple of one's eye** という表現が生まれています。したがって，「メアリーはいつも父親にとてもかわいがられていました」は，Mary was always the apple of her father's cyc. と表現できるでしょう。

　(g) の **You reap what you sow**. は，「自分で蒔いた種は自分で刈り取る」「自業自得」を意味することわざですが，これは新約聖書『ガラテヤ人への手紙』の6章7節 Be not deceived; God is not mocked: for whatsoever a man soweth, that shall he also reap. (思い違いをしてはいけません。神は人から侮られることはありません。人は自分の蒔いたものを，また刈り取ることになるのです) に由来します。**You reap what you sow**. の別形に **One must reap what one has sown**. がありますが，意味は You reap what you sow. と同じです。慣用表現

としては，**reap where [what] one has sown** の形で使用され，良い意味では「自分の努力の成果を得る」，悪い意味では，「自分の悪行［愚行］の報いを受ける」と訳し分けられます。一例をあげておきましょう。He is a vicious and brutal man. He'll **reap what he has sown** one day in the future.（彼は悪質で残忍な男だ。将来いつの日か自分の行いの報いを受けることになるだろう）

(h) の **a wolf in sheep's clothing** は，「羊の皮をかぶった狼」「親切そうに装った悪者」を意味する慣用表現です。この表現は，新約聖書『マタイによる福音書』の 7 章 15 節 Beware of false prophets, which come to you in sheep's clothing, but inwardly they are ravening wolves.（にせ預言者を警戒せよ。彼らは羊の衣を着てあなたがたのところに来るが，その内側は強欲な狼である）が出典です。したがって，(h) を訳すと，「あの男を信用してはいけないよ。彼は親切でやさしく見えるけど，聞くところによると羊の皮をかぶった狼だそうだ」となるでしょう。「彼は親切な紳士だと思っていたが，実際は羊の皮をかぶった狼だった」を英訳すると，I thought he was a nice gentleman, but was in fact **a wolf in sheep's clothing**. となります。

(i) の **the salt of the earth** は，「（世の規範となるような）善良な人」「社会の中で最も善良な人」「社会の健全な人」を意味します。この表現は，新約聖書『マタイによる福音書』の 5 章 13 節 Ye are the salt of the earth; but if the salt have lost his savour, wherewith shall it be salted?（あなたがたは地の塩である。だが，塩に塩気がなくなれば，その塩は何によって塩味が付けられよう）に由来します。これは，イエスがガリラヤ湖畔の山上で弟子たちに行った説教です。**the salt of the earth** は，広く社会の腐敗を防ぐのに役立つ者を塩にたとえた表現です。さて，(i) の日本語訳は，「メイソンさんは善良な人です。彼は心の広い人です」となります。もう一例あげておくことにしましょう。Kate is **the salt of the earth**. She always volunteers to help anyone in trouble.（ケイトは善良な人だ。彼女はいつも困っているどんな人も進んで援助するんです）

ちなみに，**the salt of the earth** の反対概念を表す表現は，**the scum of the earth** です。この表現は新約聖書『コリント人への第一の手紙』の 4 章 13 節の We have become the scum of the earth ...（私たちは人間のくずのようにされている ...）が出典で，「世間のくずども」「最低な人間のくず」「ゲスな人間ども」を意味します。People who abuse children or animals are the scum of the earth.（子供や動物を虐待する連中は世間のくずだ）を例にあげておきましょう。

　(j) は，「私は問題の大部分で彼と意見が一致する」を意味します。(j) に見られる **see eye to eye** は，「意見が一致する」「見解が全く同じである」を意味します。これは，旧約聖書『イザヤ書』の 52 章 8 節 Thy watchmen shall lift up the voice; with the voice together shall they sing: for they shall see eye to eye, when the LORD shall bring again Zion. (聞け，あなたの見張りびとは声をあげて，共に喜び歌っている。彼らは目と目を相合わせて，主がシオンに帰られるのを見るからだ) が出典です。現在では，**see eye to eye** は，「意見が一致すること」を言うのに使われますから，(j) は，「私は彼と問題の大部分で意見が一致している」を意味するわけです。また，「私は政治のことに関しては彼女と意見が一致することはありません」は，このフレーズを用いて I don't see eye to eye with her on politics. と表現できます。

　以上のように，少しだけですが聖書に由来する慣用表現を見ました。現代英語においても，上で見たような聖書由来の表現が現在も慣用表現として使われていることを確認しました。

　繰り返しになりますが，本章の冒頭で述べたように，何がしかの状況や場面を描写する際，慣用表現を使うことによって，その状況なり場面を効果的に生き生きと表現することができます。また，慣用表現に関する知識があれば，それらが用いられている表現をすぐに認識・理解できます。ですから，慣用表現に関する知識も，英語を理解したり発信したりするために重要であると言えます。また，個々の単語についてはよく知っているのにフレーズ全体の意味が分からない，あるいは意味の推測ができないことが多いのが慣用表現の特徴であり，書き言葉だけでなく話し言葉においても慣用表現が頻繁に用いられている以上，英語を学ぶわれわれとしては出来るだけ多く頻度の高い慣用表現に関する知識の習得に努めなければならないでしょう。

　以下で，再び，問題を解きながら，慣用表現について観察していくことにしましょう。

> 彼は平気で私に対する軽蔑をあらわにした。
>
> He made no (　　) about showing his contempt for me.
>
> 　　(a) skins　(b) muscles　(c) bones　(d) skeletons

He made no bones about showing his contempt for me.　　解答：(c)

　一説によると，**make no bones about (doing) something** という表現の起源は，スープを飲むことにあったとされています。すなわち，スープの中に骨が入っていなければ，それを食べる人は雑作もなく躊躇せずに食べることができる，という発想からこの表現が生まれたということです。そこから，この表現は，何かについて率直にはっきりと言う行為，あるいは何かを隠し立てしない行為，あるいは臆面もなく平気で何かをする行為を意味する決まり文句となっています。したがって，**make no bones about (doing) something** は，「平気で～する」「臆面もなく～する」また，「躊躇せずに述べる」「率直に言う」あるいは，「～を隠し立てしない」「～をつつみ隠さない」などを意味することになります。

練習問題　次の日本文を英語に直してみましょう。

(a) 彼女は彼から受けた待遇に関する不満をつつみ隠さず述べた。
(b) 彼は平気でうそをつくから誰からも信用されていない。
(c) 彼は今借金で首が回らない。しかし，彼はその事実を隠し立てしようとはしていない。

解答例

(a) She made no bones about her discontent over his treatment of her.
(b) He is not trusted by anyone because he makes no bones about telling lies.
(c) He's up to his ears in debt now.　But he makes no bones about the fact.

問32

私は人事部長のオフィスの外でさんざん待たされた。

I was left to cool my (　　) outside the personnel director's office.

　　(a) heels　(b) feet　(c) legs　(d) limbs

I was left to cool my heels outside the personnel director's office.

解答：(a)

　cool one's heels は「長く待たされる」を意味します。この表現は，ある説によると，昔，馬で旅をしていた時代，長い間馬を走らせると馬のひづめが熱くなってしまい，馬を休ませてひづめが冷えるまで待たなければならなかったことに由来すると言われています。本来ならば，「馬のひづめを冷やす」という表現が使われるべきですが，なぜか「(人の) 踵を冷やす」という言い回しになっています。また，この表現は，長時間歩くと足が疲れて火照ってくるので，休息をとって踵の火照りを冷やして疲れをとる必要があるという発想から生まれたという説もあります。17 世紀にこの表現は，「しばらくの間休む」という意味で用いられていたそうですが，それが今日の意味に変化したとされています。いずれにせよ現在，この表現は，単に長い間待たされることを言い表すだけでなく，相手の傲慢さや権力（権威）を含意することもあります。

練習問題　次の日本文を英語に直してみましょう。
- (a)　私はその眼科の待合室で 2 時間待たされました。
- (b)　彼はホテルの前で 2 時からずっと待たされています。
- (c)　社長は会ってくれるまで私を長い間待たせました。

解答例
- (a)　I was left to cool my heels in the eye doctor's waiting room for two hours.
- (b)　He's been cooling his heels in front of the hotel since two o'clock.
- (c)　The boss made me cool my heels for a long time before he would see me.

> 彼の葬式で多くの人たちが空涙を流しているのが分かった。
>
> I found that a lot of people were shedding (　　) tears at his funeral.
>
> 　　(a) alligator　(b) gavial　(c) crocodile　(d) lizard

I found that a lot of people were shedding crocodile tears at his funeral.	解答： (c)

crocodile tears は「空涙」を意味します。この表現は，ワニは獲物をおびき寄せるために泣いている振りをし，ひっかかった獲物を食べながらなおも涙を流し続けたという 9 世紀頃に東ローマ帝国で語られた逸話に由来すると言われています。そこから，crocodile tears は「空涙」「うそ泣き」「悲しんでいる振りをして人をだますこと」「見せかけの悲しみ」の意味で使われています。

練習問題 次の日本文を英語に直してみましょう。

(a) 彼女はうそ泣きをして彼に助けてほしいと頼んだ。
(b) 彼らが実際には泣いていないことは分かっている。彼らはウソ泣きをしているだけだ。
(c) 彼女の死の知らせを聞いた時，彼は空涙を流した。

解答例

(a) She shed crocodile tears and asked him for help.
(b) I know they're not really crying. They are just shedding crocodile tears.
(c) He shed crocodile tears when he heard the news of her death.

N.B. 次のような表現も確認しておきましょう。

① 彼女はようやく夢が叶いうれし泣きした。
　 She finally made her dream come true and wept for joy.
② 彼女は彼につられて泣いた。
　 She wept with him out of sympathy.

問 34

彼はまるで幽霊を見たかのように顔が真っ青だった。

He was white as a (　　) as if he had seen a ghost.

    (a) lily　(b) cloud　(c) shirt　(d) sheet

He was white as a sheet as if he had seen a ghost. 　　解答：(d)

　ショック，恐怖，あるいは病気などで，顔面が蒼白になっている状態は，**be (as) white as a sheet** で表現することができます。これは，sheet（シーツ）の色は「白」と決まっていた時代からの表現で，直訳は「シーツと同じくらい白い」ですが，顔が真っ青であることを述べるのに適しています。

練習問題　次の日本文を英語に直してみましょう。

(a) 彼に何があったの？　彼の顔には血の気がないよ。
(b) 彼女はその知らせを耳にした時，顔面が蒼白となった。
(c) 何を見たの？　顔が真っ青ですよ。

解答例

(a) What happened to him?　He's (as) white as a sheet.
(b) She turned (as) white as a sheet when she heard the news.
(c) What did you see?　You're (as) white as a sheet.

N.B. 次のような表現も確認しておきましょう。

① 海の水はとても冷たかったので彼の唇は真っ青だった。
　 The water in the sea was so cold that his lips were blue.
② 真っ青な顔で彼女は私の部屋に駆け込んできた。
　 She came dashing into my room, her face deathly pale.
③ その少年の音楽の才能はプロも真っ青だった。
　 The boy's music talent put even professionals to shame.
④ 彼女はその車の事故のニュースに顔面蒼白となった。
　 She went white [pale] when she heard the car accident.

問 35

> その人物が私にくれた情報は，故意に人の注意をそらすものだとわかった。
> The information the person had given me turned out to be a red
> ( ).
>
> (a) sardine (b) herring (c) mackerel (d) oyster

The information the person had given me turned out to be a red herring.	解答：(b)

a red herring は「燻製ニシン」を意味します。しかし，比喩的には，「人の注意をそらすもの」「根本の問題から注意をそらすもの」の意味で用いられます。この表現は，キツネ狩りの猟犬に他のにおいと嗅ぎ分けさせる訓練に燻製ニシンを用いることに由来すると言われています。**a red herring** は，例えば，アガサ・クリスティーのミステリー小説や，エドガー・アランポーのスリラーものの文学作品の中で最もよく見られます。いずれにせよ，**a red herring** は，副次的な問題を持ち出して人の注意をそらせる，あるいは，無関係なことを持ち込み人に問題の核心に触れさせないことを言い表す際に用いられているということです。

[練習問題] 次の日本文を英語に直してみましょう。

(a) 私の注意をそらすために，彼は本題とは関係ない話を持ち出した。
(b) 彼女はその情報を人の注意をそらすものとして使ったかもしれない。
(c) 共犯者の言ったことは意図的に注意をそらすものであったが，警察はもう一人の容疑者を何とか逮捕することができた。

[解答例]

(a) He brought up the irrelevant issue as a red herring to distract me.
(b) She may have used the information as a red herring.
(c) What the accomplice said was a red herring, but the police managed to arrest the other suspect

問 36

おっしゃることはまさに図星です。

You've hit the (　　).

(a) cow's-eye　(b) sheep's-eye　(c) bull's-eye　(d) nail's eye

You've hit the bull's-eye.　　　　　　　　　　解答：(c)

　hit the bull's-eye は，「図星をさす」「的を射る」を意味します。これは，本来「丸い標的に命中させる」ことをいうもので，例えば，「その弓の射手は，的の真ん中に当てた」は The archer hit the bull's-eye. と表現されます。この弓矢を標的に命中させるという意味が拡張され，「大当たりを取る」「図星をさす」の意味でも **hit the bull's-eye** は用いられています。

練習問題　次の日本文を英語に直してみましょう。

(a) 彼女の予想がぴたりと当たりました。
(b) 彼の意見は本当に的を射ていました。
(c) 彼が彼女は人がよすぎると言ったのはまさに図星だった。

解答例

(a) Her prediction hit the bull's-eye.
(b) His remark really hit the bull's-eye.
(c) He hit the bull's-eye when he said she's too good-natured.

N.B. hit the nail on the head も hit the bull's-eye と同じ意味で用いられます。この表現の文字通りの意味は，「釘の頭をたたく」ですが，比喩的に「図星をさす」の意味で用いられます。以下に例をあげておきましょう。

① 知事の日本経済をめぐる話はまさに要点をついていた。
　The governor's talk on the Japanese economy hit the nail on the head.
② 彼女が海外に販路を広げる必要があると言ったのはまさに当を得ていた。
　She hit the nail on the head when she spoke of the need to expand overseas markets.

彼の弱点を見つけるのは難しいと思います。

I think it's hard to find his Achilles' (　　).

　　(a) heel　(b) tendon　(c) foot　(d) head

I think it's hard to find his Achilles' heel.　　　　　解答：(a)

　Achilles' heel は，「弱点」「急所」「泣き所」を意味します。この表現は，古代ギリシアの伝説に由来します。その伝説によると，アキレスの母親は彼がまだほんの赤ん坊の時に，彼を不死身にすることを願って Styx と呼ばれる「黄泉（よみ）の国の川」に浸しました。しかし，彼を川に浸している間，母親は彼の足首を持ったままで足首だけは濡れませんでした。そのためアキレスは不死身になることができず，成人してから踵を矢で射られた時，その傷が原因で死んでしまいました。この伝説から，**Achilles' heel** は，「唯一の弱点」を意味する決まり文句として現在使われています。

練習問題　次の日本文を英語に直してみましょう。

(a) 地理はいつも彼女の弱点になっています。

(b) 私はこの新しい企画の弱点はわれわれがこの企画を遂行するだけの資金を集められるかどうかだと思います。

(c) お金がないのが彼の泣き所だ。

解答例

(a) Geography has always been her Achilles' heel.

(b) I think the Achilles' heel of this new project is whether or not we can raise the money to carry it out.

(c) Lack of money is his Achilles' heel.

N.B. a chink in one's armor は，「（強い人の）弱点」を意味する決まり文句です。例えば，「彼女にだって弱点はあるはずだ。それを見つけるつもりだ」は，She must have a chink in her armor. I'm going to find it. と表現できます。

問 38

私たちはみんな同じ状況にあります。

We're in the same (　　).

(a) train　(b) plane　(c) boat　(d) truck

We're in the same boat.　解答：(c)

be in the same boat は，「同じ状況にある」「同じ境遇にある」「同じ運命にある」「同じ問題を抱えている」を意味します。この表現は，複数の人たちが同じ立場にいたり，同じ危険を冒したり，あるいは同じ事業をしている状況にあることを述べる場合に用いられます。比喩表現として上記のような意味を表すことは割と容易に理解できるでしょう。なぜなら，複数の人たちが，同じ船に乗って海を航海すれば，彼らは，当然同じ危険にさらされる可能性があることになるからです。なお，この表現は，「良くない状況」「ふさわしくない境遇」を言い表すのに用いられ，良い状況の描写には使われません。

練習問題　次の日本文を英語に直してみましょう。

(a) 給料のことで文句を言わないの。みんな同じ状況にあるのだから。
(b) 彼と彼女は二人とも同じ境遇にある。今彼ら二人ともが失業中なのだ。
(c) 恋人に振られたって？じゃあ僕らは同じ状況にあるってことだ。

解答例

(a) Stop complaining about your salary. We're in the same boat.
(b) He and she are in the same boat. Both of them are out of work now.
(c) Were you dumped? Well, then we're in the same boat.

N.B. be in the same breath という表現もあります。これは，「その口で」「そう言った先から」を意味します。例を 1 つあげておきます。The trouble with him is he blows hot and cold in the same breath. (彼の困ったところは舌の根も乾かぬうちに意見がころころと変わるところなんです)

問 39

彼はもうすぐ社長になりそうだ。

It's in the (　　　) that he will become president soon.

    (a) cards　(b) chips　(c) wallets　(d) bags

It's in the cards that he will become president soon.　　解答：(a)

---

be in the cards は，be expected あるいは be likely to happen, つまり「予期される」「ありそうである」「起こりそうである」「〜ということになっているようだ」を意味します。**be in the cards** の原義は，「（トランプ占いで）カードに出ている」です。そこから，上記のような意味でこの表現が用いられているわけです。It's in the cards that 〜 あるいは It's in the cards for 人 to 〜 のパターンで，「〜が起こりそうだ」「（人が）〜しそうだ」が表現されます。なお，イギリス英語では，前置詞が in ではなく on が用いられ，**be on the cards** の形で使われています。

[練習問題] 次の日本文を英語に直してみましょう。

(a) 彼は一生独身でいることになっていたようだ。

(b) 彼女は女優として成功しそうですね。

(c) 彼らは結婚することを望んでいたが，そういう巡り合わせにはなっていなかったのだ。

[解答例]

(a) It was in the cards for him to stay single through his life.

(b) It's in the cards that she will succeed as an actress.

(c) They'd hoped to get married, but it just wasn't in the cards.

N.B. 決まり文句としての be in the bag は，「間違いない」「確実だ」を意味します。ゲームなどで勝ちが間違いない場合，This (game) is in the bag. と表現されます (pp. 46-47 参照)。「もう契約が取れることは間違いない」なら，I've got the contract in the bag. ということになります。

問40

A: 昨日の夜はよく眠れた？　　　B: はい。ぐっすりと眠れました。

A: Did you sleep well last night?　B: Yes, I slept like a (　　).

(a) log　(b) dog　(c) fish　(d) bird

A: Did you sleep well last night?　B: Yes, I slept like a log.　解答：(a)

---

sleep like a log は,「ぐっすり眠る」「熟睡する」「死んだように寝る」を意味します。このフレーズ以外に, sleep like a baby や sleep like a top も「ぐっすり眠る」を意味します。英語では, このフレーズのように「動詞＋like＋a＋名詞」のパターンがいろいろとあります。例えば, work like a beaver (せっせと働く), work like a slave (奴隷のように働く), work like a bee (せっせと働く), work like a horse (がむしゃらに働く), work like a demon (鬼のように働く), work like a tiger (猛烈に働く) などのように「work like a＋名詞」のパターンもいろいろです。また, eat like a horse (大食漢である), eat like a bird (小食である), eat like a hog (がつがつ食べる), eat like a pig (意地汚く食べる, がつがつ食べる), drink like a fish (大酒を飲む) などの表現もあります。

練習問題　次の日本文を英語に直してみましょう。

(a) 今日彼は 12 時間仕事をした。彼は今死んだように寝ています。
(b) 意地汚く食べるのは止めなさい。
(c) 彼は借金を全部返すために鬼のように働いた。

解答例

(a) He worked for twelve hours today. He's sleeping like a log now.
(b) Stop eating like a pig.
(c) He worked like a demon to pay off all his debts.

N.B. as busy as a bee (非常に忙しい), as black as ink (真っ黒［真っ暗］な), as happy as a lark (とても幸せで), as hungry as a bear (とても空腹で) など「as 形容詞 as 名詞」型も, 生産的な表現です。

問41

僕は勇気を奮って彼女に結婚を申し込むつもりだ。

I'm going to take the (　　) by the horns and ask her to marry me.

  (a) cow (b) bull (c) ox (d) fox

I'm going to take the **bull** by the horns and ask her to marry me.

解答：(b)

---

take the bull by the horns の文字通りの意味は，「雄牛の角をつかんで取り押さえる」ですが，この表現は，勇気を振り絞って暴れる雄牛の角をつかんで組み伏せようとする様子を描写します。この表現は，闘牛士が角をつかんで牛を押さえるイメージから生まれました。そこから，**take the bull by the horns** は，「困難の中にあって勇敢に振る舞う」「断固とした処置を取る」，あるいは「何かに敢然と立ち向かう」ことを言い表すのに用いられています。ちなみに，ことわざに The bull must be taken by the horns.（牛と戦うには角をつかめ）がありますが，これは恐るべき者に対するにはまともにぶつかる方がかえってよい，ということを意味します。

練習問題 次の日本文を英語に直してみましょう。

- (a) たとえ社長を怒らせることになっても彼は勇気を奮い立たせて昇進を要求することに決めた。
- (b) 私は勇気を振り絞ってその乱暴者を店の外へ出した。
- (c) もし君がこの問題を解決したいなら，恐れずにその問題に取り組むべきだ。

解答例

- (a) I've decided to take the bull by the horns and demand a promotion even if it makes my boss angry.
- (b) I took the bull by the horns and got the roughneck out of the shop.
- (c) If you want to solve the problem, you should take the bull by the horns.

問 42

認めるよ，トム。確かに，君は勤勉だ。

I'll (　　) it to you, Tom. To be sure, you're diligent.

(a) admit　(b) hand　(c) concede　(d) confess

I'll **hand** it to you, Tom.　To be sure, you're diligent.　　解答：(b)

---

hand it to ～ は，「（相手の優秀さ・能力・努力・功績などを）を認める」「～に脱帽する」「～に兜を脱ぐ」を意味します。多くの場合，have to, have got to が添えられ，「～を認めざるを得ない」「～に感心せざるを得ない」などの意味で用いられます。なお，相手を認める内容を具体的に述べる場合は，**hand it to 人 for ～** のパターンを用いて for 以下でその内容を続けます。

練習問題 次の日本文を英語に直してみましょう。

(a) あの難しい仕事を一人でした彼女には脱帽せざるを得ない。

(b) フルマラソンを完走したのだから彼に感心せざるを得ない。

(c) 君の我慢強さには兜を脱ぐよ。

解答例

(a) I have to hand it to her for doing that difficult job by herself.

(b) I have to hand it to him for completing the full marathon.

(c) I've got to hand it to you for your perseverance.

N.B. 「～に兜を脱ぐ」「～に脱帽する」は，take off one's hat to someone (for something) でも表現されます。以下に例をあげておきましょう。

① 君には兜を脱ぐよ。

I take off my hat to you.

② 彼女の音楽の才には脱帽だ。

I take my hat to her for her talent for music.

その他，「私は彼の経営の才に敬服しています」は I have a great admiration for his managerial ability. と表現できます。

現実を直視しよう。

Let's (　　) it.

    (a) face　(b) make　(c) fake　(d) take

Let's face it.　　　　　　　　　　　　　　　　　　　　　　　解答：(a)

Let's face it は，「現実を直視しよう」「現実を受け入れよう」「問題に本気で取り組もう」「あきらめよう」などの意味で用いられています。このフレーズにおける face は，「直視する」を意味する動詞です。また，face up to ～ も「～を直視する」「～を受け入れる」「（問題などに）勇敢に立ち向かう」の意味で用いられます。例をあげておきましょう。「われわれは危機に臨んだら，ひるまずに立ち向かっていかなければならない」は When we are faced with a crisis, we must face up to it.，「君は現実を直視すべきだ。彼女は亡くなってしまったのだ」は You should face up to reality. She passed away. と表現されます。では，Let's face it. を使って以下の練習問題をしてみましょう。

練習問題 次の日本文を英語に直してみましょう。

(a) このコンピュータは壊れてしまった。現実を受け入れて新しいのを買うことにしましょう。

(b) 問題に本気で取り組もう。もし君がもう一度ミスを犯したら，君に辞めてもらわなくてはならなくなるからね。

(c) 君はピアノが上手いことは認める。しかし，現実には，君ほどのピアニストはいくらでもいる。

解答例

(a) This computer has broken down.　Let's face it and buy a new one.

(b) Let's face it.　If you make a mistake once again, we'll have to let you go.

(c) I admit you're good at playing the piano.　But, let's face it.　Pianists like you are a dime a dozen.

問 44

私たちは手に汗を握ってその試合を見た。

We watched the game on the (　　) of our seats.

(a) side　(b) front　(c) edge　(d) back

We watched the game on the edge of our seats.　　解答：(c)

　on the edge of one's seat は，「身を乗り出して」「わくわくして」を意味します。このフレーズの文字通りの意味は「〜の席の端で」ですが，試合などを見ていてつい興奮してしまいまともに席に座っていることができず知らない間に席の先端の部分に座ってしまっている様子を表しているものと考えられます。そこから，**on the edge of one's seat** を「手に汗を握って」と意訳することができるわけです。また，サスペンスものの映画を見ていてハラハラドキドキする感じや，誰かの話を聞いてドキドキしながら引き込まれていく様子もこのフレーズを用いて表現することができます。

練習問題　次の日本文を英語に直しなさい。

(a) 私はそのボクシングの試合の間中ずっと手に汗を握っていました。
(b) 私たちはその映画にハラハラドキドキだった。
(c) 彼らは彼女の話に最後まで引き込まれた。

解答例

(a) I was on the edge of my seat during the whole boxing match.
(b) The movie kept us on the edge of our seats.
(c) Her story kept them on the edge of their seats right up to the end.

N.B. 「ハラハラさせる（手に汗握る）試合」は a nail-biting game，「手に汗握る最終ラウンド」は a nail-biting final round，「私はドキドキしながら自分の出番を待っていた」は，I was waiting for my turn with a pounding heart. と表現できます。

その受付係は彼に無愛想だったが，彼が社長の息子だと知ると，急に態度を変えた。

The receptionist was unfriendly to him, but when she learned that he is a son of the president, she suddenly changed her (　　).

　　(a) tone　(b) tune　(c) turn　(d) track

The receptionist was unfriendly to him, but when she learned that he is a son of the president, she suddenly changed her tune.

解答：(b)

---

　change one's tune の文字通りの意味は「～の曲を変える」ですが，これは比喩的には「態度を変える」「意見を変える」「反対のことを言ったり，行ったりする」ことを意味します。また，sing another song や sing a different song も **change one's tune** と同じ意味で用いられます。

練習問題 次の日本文を英語に直してみましょう。

(a) 彼はそのアイデアに反対だったが，どういうわけか急に意見を変えた。

(b) もう一度仕事に遅刻したら減給だとエドに言ってやれ。そうすれば彼は態度を変えるだろう。

(c) 彼はボブの誕生日パーティーには来ないと言っていたが，マーシャが来ると聞いた途端に言うことが変わって来るんだって。

解答例

(a) He was against the idea, but for some reason or other he suddenly changed his tune.

(b) Tell Ed that if he is late for work again, he'll get a pay cut. That'll make him change his tune.

(c) He said he wouldn't come to Bob's birthday party, but the moment he heard Marsha would come, he changed his tune and said he'd come.

問 46

風邪をひいて声ががらがらです。

I've caught a cold and have a (　　) in my throat.

(a) frog　(b) tadpole　(c) newt　(d) snake

I've caught a cold and have a frog in my throat.　解答：(a)

have a frog in one's throat は，「声がしわがれている」「声がガラガラになっている」「喉を痛めて声が出ない」ことを意味する決まり文句です。また，get a frog in one's throat は，「声がしわがれる」「声がガラガラになる」ことを意味します。

練習問題　次に日本文を英語に直してみましょう。

(a) ごめんなさい，声がちょっとガラガラ声になっていまして。
(b) その政治家は中断することなく2時間ぶっ続けに演説し，声がしわがれてしまった。
(c) 彼女は声がガラガラです。ジェーンと一晩中話していたと言っていました。

解答例

(a) Excuse me, I've got a bit of a frog in my throat.
(b) The politician spoke for two hours solid without interruption and got a frog in his throat.
(c) She has a frog in her throat.　She said she had talked with Jane all night long.

N.B.　「彼は声がしゃがれるほどしゃべった」は He talked himself hoarse.，「野球の応援ですっかり声がかすれてしまった」は I got hoarse from cheering at the baseball game.，「その歌手の声はしゃがれています」は The singer's voice is husky.，「彼女はかすれた声で話す」は She speaks in a husky voice.

問 47

その医師は私が健康であることを保証してくれました。

The doctor gave me a clean (　　　) of health.

    (a) proof　(b) certificate　(c) evidence　(d) bill

The doctor gave me a clean bill of health.　　　　解答：(d)

　bill of health は，乗船者や積み荷に伝染病があるかないかに関する検査報告書のことで，出帆港において船が出港の際に船長に渡される公文書です。船が伝染病の菌に汚染されていない場合，その書類は clean bill of health と呼ばれ，そこから，**give someone a clean bill of health** のような決まり文句が生まれました。これは「～が健康であることを保証する」を意味しますが，時として，何かに関して「認可する」「(調査して) 欠陥や不正がないことを認める」の意味で使われることもあります。

練習問題　次の日本文を英語に直してみましょう。

(a) 父の肺ガンはすごくショックでした。父は医者から健康であることを保証されたばかりだったのです。

(b) 検査官は私たちのバーガーショップに衛生状態良好の証明書を出してくれた。

(c) その男は麻薬密売の疑いがかけられていたが，警察がそのような疑いはないことを認めた。

解答例

(a) Our father's lung cancer was a great shock to us. He had just been given a clean bill of health by his doctor.

(b) The inspector gave our burger shop a clean bill of health.

(c) The man was suspected to be involved in the drug peddling, but the police gave him a clean bill of health.

問 48

彼女が犯した間違いが計画を台無しにしてしまった。

The mistakes she had made upset the (　　　).

　　(a) applecart　(b) wagon　(c) car　(d) vehicle

The mistakes she had made upset the applecart.　　解答：(a)

upset the applecart あるいは **upset someone's applecart** は，「台無しにする」「めちゃくちゃにする」を意味します。このフレーズは，特に計画を台無しにするという意味でよく用いられますが，これまで積み上げてきた実績や努力などを台無しにするという意味でも用いられます。**upset the applecart** の直訳は「リンゴ売りの手押し車をひっくり返す」ですが，この表現の由来にはいくつかの説があり，定説はありません。しかし，イメージとしてリンゴがいっぱい積んである applecart をひっくり返したとすれば，りんごがその辺に散らばって手のつけられない状態になることは想像に難くないでしょう。このイメージから **upset the applecart** の表す意味も覚えやすいように思われます。

練習問題　次の日本文を英語に直してみましょう。

(a) 彼らはハイキングに行く計画を立てていた。しかし，台風がやって来て，計画はおじゃんとなってしまった。
(b) 彼女は彼に会議の日時の変更を求めることによって計画を台無しにした。
(c) 彼が契約を土壇場で取り消すことで彼女の企てが台無しになった。

解答例

(a) They had planned to go hiking. But a typhoon came and that upset the applecart.
(b) She upset the applecart by asking him to change the date for the meeting.
(c) He upset her applecart by canceling the contract at the last minute.

問49

彼はドジを踏んだ。

He put his (　　) in it.

    (a) toe　(b) ankle　(c) foot　(d) leg

He put his foot in it.　　　　　　　　　　　　　　　　　解答：(c)

---

put one's foot in it は，「ドジを踏む」「へまをやる」「へまなことを言う」「失言する」のように，まずいことをしたり言ったりすることを意味します。このフレーズの it は犬などの糞のことで，**put one's foot in it** は「うっかりと糞を踏んでしまう」ということであり，ここから「ドジを踏む」という意味で用いられています。なお，**put one's foot in one's mouth** という表現もありますが，これも「へまなことを言う」「失言する」を意味する決まり文句です。

【練習問題】　次の日本文を英語に直してみましょう。

(a) 彼は口を開けば，へまなことを言う。

(b) スーにケイトの秘密を話してしまって本当にドジなことをしてしまった。

(c) ジャイアンツは大嫌いだなんて，君もへまなことをスミスさんに言ったものだ。彼はジャイアンツの熱狂的なファンなのだよ。

【解答例】

(a) Whenever he opens his mouth, he puts his foot in it.

(b) I really put my foot in it by telling Sue about Kate's secret.

(c) You put your foot in it when you told Mr. Smith you hated the Giants. He's an enthusiastic fan of the Giants.

N.B. 以下のような表現も確認しておきましょう。

① 君はとんだへまをやらかしてくれたね。

   What a fine mess you've made of it! / You've made an awful blunder.

② 誰でもたまにはドジを踏むものさ。

   Everybody goofs up once in a while.

問50

彼の新しいスポーツカーはすぐにきちっと止まる。

His new sports car will stop on a (　　).

　(a) nickel　(b) dime　(c) quarter　(d) cent

His new sports car will stop on a dime.　　　　　　解答：(b)

stop on a dime は，「(車などの乗り物が)急停止する」「すぐにきちっと止まる」を意味します。これは，自動車やボートのブレーキ性能をほめる表現として使われています。dime は「10セント硬貨」のことであり，硬貨の中では一番サイズが小さく，日本円の1円玉ほどの大きさです。**stop on a dime** の文字通りの意味は「10セント硬貨の上で停止する」ですが，10セント硬貨という非常に小さなスペースの上でぴたりと自動車を停止させることができるほど自動車のブレーキのききがよいということを言い表すのにこの表現が用いられるわけです。つまり，on a dime は in a very small space と同義で用いられており，turn on a dime と言うと，「小回りがきく」ことを意味します。

また，人を主語にして I can stop this car on a dime. と表現することもできます。

練習問題　次の日本文を英語に直してみましょう。

(a) 車は急に止まれない。

(b) A: スピードを出し過ぎだよ。

　　B: 心配ご無用。この車はすごく急ブレーキがきくから。

(c) この駐車場は狭いけど問題はありません。この車は小回りがききますから。

解答例

(a) A car can't stop on a dime.

(b) A: You're driving too fast.

　　B: Don't worry. This car'll stop on a dime.

(c) This parking lot is small, but there's no problem. This car'll turn on a dime.

私は責任から逃れさせてはもらえないのだった。

I was not going to be let off the (　　　).

　　　(a) burden　(b) hook　(c) load　(d) baggage

I was not going to be let off the hook.　　　　　　　　解答：(b)

let 人 off the hook は，「（人）を困難な状況から逃れさせる」「やりたくないことを避けることを許す」あるいは「（人を）責任から解放する」ことを意味します。このフレーズを直訳すると「～を釣針から外して逃してやる」であり，釣り上げられた魚の口から釣り針を外して逃がしてやる様子をイメージすると，このフレーズが誰かを困難・窮地から救うあるいは責任から逃れさせることを意味することも納得がいくと感じられるでしょう。上の文ではこの let ～ of the hook の受け身の形が使われています。

練習問題　次の日本文を英語に直してみましょう。

(a) 彼女が私の代わりにその難しい仕事をしてくれることに同意してくれたから助かります。
(b) 彼は彼女にいくらかのお金をあげることで彼女を苦境から救った。
(c) この週末は勘弁してもらえませんか？
(d) そんな見え透いたウソで逃げられると思っているの？

解答例

(a) She's agreed to do the difficult job in my place, so that lets me off the hook.
(b) He let her off the hook by giving her some money.
(c) Would you please let me off the hook for this coming weekend?
(d) You think you can get off the hook with a transparent lie like that?

問52

彼は何の努力もしないで大学を出てすぐにその仕事がもらえた。

He was given the job right out of college without lifting a (　　).

(a) wrist　(b) toe　(c) foot　(d) finger

He was given the job right out of college without lifting a finger.

解答：(d)

lift a finger は，make the least effort つまり，「最小限の努力をする」ことを意味しますが，否定文で使われます。したがって，このフレーズは上の文のように without あるいは not や never のような否定辞を伴い，「指一本動かさない」「少しも努力しない」の意味で用いられます。

練習問題 次の日本文を英語に直してみましょう。

(a) あの投資家は黙っていても月に7万ドルの収入があるそうだ。
(b) 彼女は彼らが部屋を掃除する手伝いを何ひとつしなかった。
(c) 彼はその困難から彼女を救い出そうとちっとも努めなかった。

解答例

(a) I hear that investor gets an income of $70,000 a month without lifting a finger.
(b) She did not lift a finger to help them to clean the room.
(c) He never lifted a finger to help her out of the difficulty.

N.B. lift a finger と同じ概念を表す表現に lift a hand があります。もっとも日本語と同様に lift a hand は，例えば，He never lifted a hand against his children.（子供たちに手を上げたことはなかった）のように用いられるのですが，「彼は彼女に少しも手を貸さなかった」は He never lifted a hand for her. となります。

問53

「その通りです」と彼女はすぐに答えた。

"That's right," she answered in a (   ).

    (a) heartbeat (b) breath (c) hurry (d) nutshell

"That's right," she answered in a heartbeat.   解答：(a)

---

  in a heartbeat で 1 つの成句をなしていて，「すぐに」「ただちに」の意味で用いられます。heartbeat は，「心臓の鼓動」がその第一義ですが，このフレーズでは「心拍に要する時間」すなわち「ほんの少しの時間」の意味で使われています。

練習問題 次の日本文を英語に直してみましょう。

(a) 心配しないで。ここではあなたはすぐに仕事に就けますよ。

(b) もしその仕事の誘いがかかったら，すぐに今の仕事を辞めるのだが。

(c) 分かった。すぐそちらに行くよ。

解答例

(a) Don't worry. You can get a job in a heartbeat here.

(b) If I was offered the job, I would quit my present job in a heartbeat.

(c) All right. I'll be there in a heartbeat,

N.B. 次のような表現も確認しておきましょう。

① すぐにタクシーを呼んでください。

   Call a taxi right away.

② すぐに戻ってくるからね。

   I'll be right back.

③ 私は家に帰るとすぐにシャワーを浴びた。

   As soon as I got home, I took a shower.

④ 私の妹はすぐに笑う。

   My sister smiles and laughs easily.

問 54

彼は全く困ったことになっている。昨日首になったのだ。

He's really up the ( ) without a paddle. He was fired yesterday.

(a) river (b) stream (c) creek (d) pond

He's really up the creek without a paddle. He was fired yesterday.

解答：(c)

be up the creek without a paddle は，「窮地にある」「ひどく困っている」「困難をきわめている」を意味します。この表現は，解決方法が分からないような問題に直面しているような場面で用いられます。この表現を直訳すると「櫂（かい）なしで川の上流にいる」となります。ボートに乗って川を上って行く時に，使っていた櫂を流してしまったら，目的地に行くことはおろかその場に留まることもできず，下流へと流されてしまうでしょう。この表現はそのようなイメージから生まれているわけです。時として，without a paddle は省略されて **be up the creek** だけが用いられることもあります。

練習問題 次の日本文を英語に直してみましょう。

(a) 彼らの車が砂漠の真ん中でパンクし，彼らは本当に困ってしまった。

(b) 困ったことになったよ。パスポートが見つからないんだ。

(c) 彼女は卒業論文が書き終えられなかった。彼女は本当に窮地にある。

解答例

(a) They had a flat tire in the middle of the desert and were up the creek without a paddle.

(b) I'm up the creek. I can't find my passport.

(c) She couldn't finish writing her graduation thesis. She's really up the creek without a paddle.

その野良犬は私に襲いかかろうとしたが，その犬めがけてステッキを
振り回して何とか私に寄せ付けないようにくい止めた。

The homeless dog tried to attack me, but I managed to (　　) it
at bay by shaking my stick at it.

　　(a) make　(b) take　(c) give　(d) keep

The homeless dog tried to attack me, but I managed to
keep it at bay by shaking my stick at it.

解答：(d)

　　keep ～ at bay は，「(人・動物・物事などを) 寄せつけずにおく」を意味します。この表現に関して，CIDI は，次のような分かりやすい定義を与えてくれています：to prevent something or someone unpleasant from coming too near you or harming you. すなわち，「何か嫌なものあるいは嫌な人が誰かに接近し過ぎること，あるいは誰かに害を加えることを防ぐこと」をこの決まり文句は意味することが分かります。

練習問題　次の日本文を英語に直してみましょう。

(a) この薬で彼の病気を治すことができるわけではありませんが，これ以上悪化させない効果はあります。

(b) 私は蚊を寄せつけないように蚊取り線香を焚いた。

(c) その逃亡犯人は何時間も小さな女の子を人質にして警察を寄せつけずにいた。

解答例

(a) This medicine cannot cure his disease, but it will keep it at bay.

(b) I lit a mosquito coil to keep mosquitoes at bay.

(c) The fugitive kept the police at bay by taking a little girl hostage for hours.

問56

スピーチをしなければならない時はいつもすっかり上がってしまいます。

Whenever I have to make a speech, I get (　　) in my stomach.

(a) ladybirds　(b) bees　(c) butterflies　(d) bugs

Whenever I have to make a speech, I get butterflies in my stomach.

解答：(c)

get butterflies in one's stomach は，「これからしようとしていることについて非常に緊張すること」を意味します。したがって，日本語訳として「不安でどきどきする」「そわそわ落ち着かなくなる」「すっかり上がってしまう」などが適当ということになります。また，**have butterflies in one's stomach** は，状態表現で「不安でどきどきしている」「すっかり上がっている」の日本語が対応します。日本語では「胃が痛む」のような表現がありますが，「胃の中でチョウチョたちが飛び回っている」感じがそわそわ落ち着かない状況を表すというのは英語独特の面白い表現と言えるでしょう。

練習問題　次の日本文を英語に直してみましょう。

(a) 彼女は自分が生まれて初めて大勢の人の前で歌った時どきどきしたのをはっきりと覚えている。

(b) 彼はいつでも試合の前に非常に緊張します。

(c) 彼は彼女に結婚を申し込みに彼女の家まで行った時どきどきしていた。

解答例

(a) She clearly remembers getting butterflies in her stomach when she sang in front of a lot of people for the first time in her life.

(b) He always gets butterflies in his stomach before a match.

(c) He had butterflies in his stomach as he went to her house to propose to her.

問 57

その男は跡形もなく姿を消してしまった。

The man just vanished into thin (　　　).

   (a) air (b) water (c) atmosphere (d) space

The man just vanished into thin air. 　　　　　　解答：(a)

---

　vanish だけでも「目に見えているものが突然視界から消える」ことを意味するわけですが，**vanish into thin air** は into thin air が付加されて「跡形もなく」という感じになり，全体で「跡形もなく姿を消す」を意味します。

練習問題　次の日本文を英語に直してみましょう。

(a) 私の財布が見つかりません。テーブルの上に置いたのですが，跡形もなく消えてしまったんです。

(b) 一体私の車のキーはどこにあるのだろう？　急にどこかに消え失せてしまったわけでもあるまい。

(c) 最近エイミーに会いましたか？彼女忽然と姿を消してしまったようなんです。

解答例

(a) I can't find my purse. I put it on the table. Now it's vanished into thin air.

(b) Where in the world are my car keys?　They couldn't have vanished into thin air.

(c) Have you seen Amy these days?　She seems to have vanished into thin air.

N.B.　「刑事は殺人事件の容疑者がそのバーの中に入るのを見たが，中に入った時には跡形もなく消え失せてしまっていた」は，disappear を使って，The detective saw the suspected murderer go into the bar, but when he went in, he had just disappeared into thin air. と表現することもできます。

問58

その医師は「彼の生命は風前の灯です」と言った。

The doctor said "His life is hanging by a (　　　)."

　　(a) cord　(b) string　(c) thread　(d) line

The doctor said, "His life is hanging by a thread."　　解答：(c)

hang by a thread の文字通りの意味は，「糸一本でぶらさがる」ですが，何かが一本の糸でぶらさがっている状態というのはまさに不安定そのものであり，そこから比喩的に「（生命・成り行きなどが）きわめて危険である」「おぼつかない」「予断を許さない」「風前の灯である」などの日本語が対応するわけです。

練習問題　次の日本文を英語に直してみましょう。

(a) 彼女は重体で予断を許さない状態だ。

(b) ひどい脚の怪我のため，そのサッカー選手の選手生命が危ぶまれる。

(c) 彼は自分の仕事がいつダメになってもおかしくないと言った。

解答例

(a) She's in a serious condition and her life is hanging by a thread.

(b) The soccer player's career is hanging by a thread because of his terrible leg injury.

(c) He said that his job hung by a thread.

N.B. **hang by a thread** と並んで **hang by a hair** の表現もあります。いずれの表現も，「ぶらさがっているものがいつ落ちてしまうか分からない危険な状態」を表します。上で見たすべての例文に関して，a thread はすべて a hair に置き換えができます。そのほか，「風前の灯である状態」は，例えば，「彼女のバレーボール選手としての選手生命は風前の灯だ」は Her life as a volleyball player is hanging in the balance., あるいは，「その会社は今風前の灯だ」は The company is now on the verge of bankruptcy. と表現できます。

216

問 59

彼は彼女とすれ違い，それからはっとして振り返り，ジュリアだと分かった。

He walked past her, and then did a double (　　) and recognized Julia.

　　　(a) take　(b) give　(c) get　(d) make

He walked past her, and then did a double take and recognized Julia.

解答：(a)

do a double take は，「（はっと気づいてあるいは驚いて）見直す」「振り返る」を意味します。このフレーズは，何かを見たり聞いたりした時にすぐにはそれが何だか気がつかず，少し間をおいてから，それを確認するために振り返ったり，近づいて再び見たり聞いたりするような場面で用いられます。

練習問題 次の日本文を英語に直してみましょう。

(a) 彼女はエリックを見た時，はっと驚いて見直した。彼女はそこで彼に会うなんて思いもしていなかったのだ。
(b) 彼が仕事を辞めると言った時，私はすぐには理解できず聞き直した。
(c) その有名な歌手がレストランに入って来た時，客が皆はっと驚いて見直した。

解答例

(a) She did a double take when she saw Eric. She never expected to see him there.
(b) When she said she was quitting her job, I did a double take.
(c) When the famous singer came into the restaurant, every customer there did a double take.

問60

彼は本調子が出てきましたね。

He's getting into the (　　) of things.

　　　(a) swing　(b) sway　(c) sweep　(d) swarm

He's getting into the swing of things.　　　　　　　　解答：(a)

---

get into the swing of things は，to become familiar with an activity or situation so that you can start doing it well or enjoying it と CIDI で定義されています。このフレーズの swing は「リズム」「調子」を，また，things は「物事や状況」を意味しますので，全体で「本調子になる」「物事に慣れてうまくできるようになる」「こつをのみこんでうまくできるようになる」「乗ってくる」などの日本語が対応することになります。

練習問題 次の日本文を英語に直してみましょう。

(a) 彼女はちょうど慣れてうまくできるようになってきた時に別の部署に回された。

(b) 彼がその新しい仕事のこつをつかんでうまくできるようになるまで少なくとも6ヶ月はかかるでしょうね。

(c) 私は日増しに仕事で調子が出てきました。

解答例

(a) She was just getting into the swing of things when she was transferred to another department.

(b) It'll take at least six months before he gets into the swing of the new job.

(c) I'm getting into the swing of things at work day by day.

終　章

　この章では，日常会話レベルで用いられていることわざを確認しておくことにしましょう。では，次の各ことわざを見ることにしましょう。

(a) **Actions speak louder than words.**

(b) **An apple a day keeps the doctor away.**

(c) **You can't have your cake and eat it.**

(d) **Curiosity killed the cat.**

(e) **Let sleeping dogs lie.**

　まず，(a) についてですが，直訳すると，「行動はことばよりも大きな声で話す」ですが，これは「ことばより実践」ということであり，ことばよりも行動が大切であることを述べています。1つ例をあげておきましょう。You'd better not make any promises, Paul. **Actions speak louder than words.** (どんな約束もしないほうがいいよ，ポール。ことばよりも行動が肝心だよ)

　(b) は，「一日一個のリンゴは医者を遠ざける」「一日にリンゴ一個で医者知らず」ということを述べていますが，英語圏では，リンゴは栄養価が高い果物と認識されてきたことが分かります。It is said that the old saying that "**an apple a day keeps the doctor away**" has sufficient scientific evidence to back it up. (「一日にリンゴ一個で医者知らず」という古いことわざにはそのことを裏付ける十分な科学的な根拠があると言われている) を例にあげておきましょう。

　(c) は，「ケーキを食べるのと同時にそれを取っておくことはできない」と言っているわけですが，要するに，「相反することを両方一度にすることはできないこと」あるいは「やりたいことが二つあって，どちらか一方をするともう片方が駄目になってしまうこと」を言うのに用いられます。例えば，You say you would like to move to a bigger apartment, but you really like the place where you're living now. **You can't have your cake and eat it.** (あなたはもっと大きなアパートに引っ越したいけど今住んでいるところも本当に気に入っているとおっしゃる。両方を同時に望むことはできないですよね)

　(d) の直訳は，「好奇心が猫を殺した」となりますが，このことわざの意味するところは，「好奇心が身をほろぼす」「好奇心もほどほどに」ということです。これは，何かについてすごく知りたがっている相手に対していさめる時に

使われる言い回しです。例を1つあげておきましょう。You should not be nosy. **Curiosity killed the cat**, you know. (余計な詮索はしないほうがいいよ。好奇心もほどほどにしておかなきゃね)

(e) の直訳は、「寝ている犬はそのままにしておきなさい」となりますが、これは、「やぶ蛇にならないようにそっとしておく」「寝た子を起こすな」という意味で用いられます。例えば、I think she has almost forgotten about that. So don't mention that with her again. **Let sleeping dogs lie.** (彼女はそのことについては忘れかけていると思うよ。彼女にそのことは再び言わないことだ。藪を突いて蛇を出してしまうことになっちゃうからね) のように使えます。

以上のように、ことわざにおいても基本語が用いられていることが確認できます。さらに、よく知られていると思われる英語のことわざを確認しておくことにしましょう。

(f) **Necessity is the mother of invention.**
(g) **Rome was not built in a day.**
(h) **Slow and steady wins the race.**
(i) **Easier said than done.**
(j) **Look before you leap.**

(f) は、「必要は発明の母」であり、これは広く知られていることわざの1つだと思います。例文を1つあげておきましょう。After all, Joe came up with a brilliant idea. That's a clear case of "**Necessity is the mother of invention.**" (結局、ジョーはうまい考えを思いついたんだ。それは、まさに「必要は発明の母」というものだ)

(g) は、「大きなことを成し遂げるには時間がかかるだけでなく努力と忍耐も必要である」ことを述べる有名なことわざ「ローマは一日にして成らず」です。例として、It takes time and patience to master Latin and Greek. **Rome was not built in a day.** (ラテン語とギリシア語を習得するには時間と根気がいるんだ。ローマは一日にしてならずだよ) をあげておきます。ちなみに、**When in Rome, do as the Romans do.** (郷に入れば郷に従え) もここで確認しておきましょう。

(h) は、「ゆっくりで着実なのが競争に勝つ」ことを述べていますが、イソップ物語のウサギとカメの話に由来することはよく知られているでしょう。このことわざは、**Slow but steady wins the race.** と表現されることもあります。

この表現は，ゆっくりで構わないから，うまく行かないかもしれないと思っていることであっても，途中で投げ出さず持続させることによってそれを成就できることを言うのに用いられます。「「人生というマラソン」ということになると，「ゆっくりで着実なのが競争に勝つ」というやり方が非常に重要でしょう」を英訳してみると，When it comes to "the marathon of life", the approach **"Slow and steady wins the race."** would be very important. あたりとなるでしょうか。

　(i) は，日本語と同じ発想で，「言うは易く行うは難し」です。この表現は，It is easier said than done. の縮約形です。一例をあげておきましょう。Finding a good partner is **easier said than done**.（良き伴侶を見つけるのは口で言うほどやさしくはないですよね）

　(j) を直訳すると，「飛ぶ前に見よ」となりますが，このことわざが言わんとしていることは，行動を起こす前に慎重に考えたほうがよい」ということです。例として，The offer sounds too good to be true. I think you should **look before you leap**.（そのもちかけ話はあまりにもうますぎて信じられないな。よく考えてから行動を起こしたほうがいいと思うよ）をあげておきます。

　これまで見てきたように，ことわざにおいても難しい単語が使われている例は少なく，その大半が基本語で構成されていることが確認できます。

　上で見たことわざに加えて，

　　The early bird catches the worm.（早起きは三文の得）
　　The child is father of [to] the man.（子供は大人の父である）
　　A man is known by the company he keeps.
　　（付き合っている人を見ればその人がどんな人かわかる）
　　A drowning man will catch at a straw.（溺れる者はわらをもつかむ）
　　Easy come, easy go.（得やすいものは失いやすい）
　　First come, first served.（早い者勝ち）
　　A friend in need is a friend indeed.
　　（困っている時に助けてくれる友こそ真の友）
　　All that glitters is not gold.（光る物が必ずしも金ではない）
　　Where there is life, there is hope.
　　（命ある限り希望あり）（命あってのもの種）

All work and no play makes Jack a dull boy.

(勉強ばかりで遊ばないと子供は愚鈍になる)

Don't judge a book by its cover. (本を表紙で判断するな)

A little learning is a dangerous thing. (生兵法はおおけがのもと)

All's fair in love and war. (恋と戦争は手段を選ばぬ)

No news is good news. (便りのないのはよい便り)

Bad news travels fast. (悪事千里を走る)

Out of sight, out of mind. (去る者は日々に疎し)

Never put off till tomorrow what you can do today.

(今日できることを明日に延ばすな)

A rolling stone gathers no moss. (転石苔むさず)

Strike while the iron is hot. (鉄は熱いうちに打て)

Tomorrow is another day. (あしたはあしたの風が吹く)

などはポピュラーなことわざと思われますので，並べてみました。

　本章の締めくくりとして，最後に空所に適語を入れる問題に取り組んでみることにしましょう。

問1

君を駅まで車で送れば，一石二鳥だ。君を見送れるし同時に母さんを拾うことができるからね。

If I drive you to the station, I can (　　) two birds with one stone. I can see you off and pick up my mother at the same time.

(a) save　(b) kill　(c) catch　(d) hit

If I drive you to the station, I can kill two birds with one stone. I can see you off and pick up my mother at the same time.

解答：(b)

　「一石二鳥」は，日本語の日常レベルの会話でも時々耳にするものですが，英語では **kill two birds with one stone** が対応します。「1 つの石で 2 羽の鳥をしとめる」がその直訳になりますが，「一挙両得」もこの表現で事足ります。

問2

免許を取らないうちから車を買うべきじゃないと思うよ。順序が逆じゃないの。

You shouldn't buy a car before you get a driver's license. Don't (　　) the cart before the horse.

(a) put　(b) carry　(c) take　(d) give

You shouldn't buy a car before you get a driver's license. Don't put the cart before the horse.

解答：(a)

　Don't put the cart before the horse. は，「本末転倒」であることを述べることわざです。この表現を直訳すると，「荷車を馬の前に置く」ということになります。馬が荷車を引くのであって，荷車が馬を引くわけではないのですか

ら，この表現は何かについて順序が違っていることを述べるのにふさわしいわけです。「それはちょっと本末転倒のように思えるけど」は，It seems a little putting the cart before the horse. のように言えるでしょう。

> その仕事に就けるのは確かなのかい？　取らぬタヌキの皮算用はしないことだね。
>
> Are you sure you will get the job?　Don't (　　) your chickens before they are hatched.
>
> 　　(a) expect　(b) decide　(c) display　(d) count

Are you sure you will get the job?　Don't count your chickens before they are hatched.	解答：(d)

Don't count your chickens before they are hatched. は，「卵がかえる前にひよこの数を数えるな」ということを言っているわけですが，これは「取らぬタヌキの皮算用をするな」の日本語が対応します。会話では，後半部分の before they are hatched ではなく before they hatch がよく用いられます。また，この表現の後半部分が省略されて，Don't count your chickens. だけが用いられることが多いことも言い添えておきましょう。このことわざをベースにして，count one's chickens before they hatch が慣用表現として用いられています。

問4

うわさをすれば影！ やー, ケイト。君のこと話してたところだったんだ。

(　　) of the devil! Hi, Kate. We were just talking about you.

　(a) speak　(b) tell　(c) say　(d) mention

Speak of the devil! Hi, Kate. We were just talking about you.

解答：(a)

「うわさをすれば影（が差す）」にあたる英語のことわざは, **Speak [Talk] of the devil and he is sure to appear.** (悪魔はうわさをすれば必ず現れる) であり, 会話では, 前半部分の **Speak [Talk] of the devil** だけが, 通例, 使われます。もう一例あげておきましょう。Speak of the devil. Tom is coming over here. (うわさをすれば何とかだ。トムがこっちへやって来るよ)

問5

今あなたの株を売ってしまえば, 元も子もなくなってしまうことになりかねないですよ。

If you sell your stocks now, you could be (　　) the goose that lays the golden egg(s).

　(a) raising　(b) growing　(c) killing　(d) hitting

If you sell your stocks now, you could be killing the goose that lays the golden egg(s).

解答：(c)

この表現に見られる killing the goose that lays the golden egg(s) は, ことわざの **Don't kill the goose that lays the golden egg(s).** (金の卵を産むガチョウを殺すな) に基づきます。この表現は, ある農夫が, 金の卵を生むガチョウを手に入れたが, 一日に一個しか産まないので, 一度に金の卵を全部手に入れ

ようとしてそのガチョウを殺してしまったというイソップ物語の話に由来します。このことわざは，目先の損得にとらわれて大損を招くようなことはしないようにと教えているわけです。「現在の利益のために将来の大きな利益を取り逃がさないようにしなさいよ」と言いたい時に，この表現がフィットします。また，時として，that lays the golden eggs が省略されて，例えば，単に If you sell your stocks now, you could be killing the goose. (今あなたが持ち株を売れば，元も子もなくなってしまうことになりかねませんよ) と表現されることもあります。

問6

「お前に新車を買ってあげられればいいんだが，あいにく，金のなる木があるわけではないからね」と父親は私に言った。

My father said to me, "I wish I could buy you a new car, but unfortunately, money does not (　　　) on trees."

(a) grow　(b) produce　(c) yield　(d) turn

My father said to me, "I wish I could buy you a new car, but unfortunately, money does not grow on trees."　　解答：(a)

Money does not grow on trees. を直訳すると「金は木には生えない」ですが，要するに，このことわざは「金のなる木は存在しない」ということを述べています。もう一例 Our kids need to understand that money does not grow on trees. (私たちの子供はお金を稼ぐのは楽ではないということを理解する必要がある) をあげておきましょう。この例文からは，お金はそう簡単に手に入るものではないので無駄遣いするべきではないという感じが伝わってきます。なお，money を含む英語のことわざとして Money makes the mare go. (地獄の沙汰も金次第) や Money talks. (金がものを言う) を想起する人は多いことでしょう。

問7

君は転職するべきじゃないと思うよ。隣の芝生はいつも青く見えるものだよ。

I think you shouldn't change your job. The grass is always greener ( ) the other side of the fence, you know.

(a) at　(b) in　(c) on　(d) by

I think you shouldn't change your job. The grass is always greener on the other side of the fence, you know.　解答：(c)

「隣の芝生はいつも青く見える」ということを表すことわざは，**The grass is always greener on the other side of the fence.** です。後半部分の of the fence は，省略されることがよくあります。実際はそうではないかもしれないのに，他人の方が自分よりもよい境遇にあるように見えることを言うのにこのことわざはぴったりというわけです。

問8

息子にたくさんの本を買ってあげているのですが，彼は一冊も読まないんです。本人にその気がなければどうしようもないことを悟りました。

I've bought many books for my son, but he never reads any of them. I've learned that you can ( ) a horse to water, but you can't make him drink.

(a) lead　(b) push　(c) get　(d) pull

I've bought many books for my son, but he never reads any of them. I've learned that you can lead a horse to water, but you can't make him drink.　解答：(a)

You can lead a horse to water, but you can't make him [it] drink. は，文字通りには，「馬を水のあるところまで連れていくことはできても，その馬に水を飲ませることはできない」ということを言い表しているわけですが，言わんとすることは，「チャンスを与えてやっても本人にその気がなければどうしようもない」「本人にとって良かれと思われるようなことをお膳立てしてあげてもその本人が行動しなければどうしようもない」ということです。すると，例えば，「彼にはもっと一所懸命に勉強するように言ってみますが，本人にその気がなければどうしようもないことはお分かりですよね」は，I'll tell him to study harder, but you know that you can lead a horse to water, but you can't make him drink, don't you? と表現できます。

問9

社長は君のことを話していたわけじゃないけど，思い当たる節があるならそう思えばいいよ。

The president wasn't talking about you, but if the shoe (　　), wear it.

　　(a) pinches　(b) breaks　(c) suits　(d) fits

The president wasn't talking about you, but if the shoe fits, wear it.

解答：(d)

If the shoe fits, wear it. の文字通りの意味は「もしその靴がぴったり合うなら，それをはいていなさい」ですが，これは「非難や批判あるいは小言に当てはまるところがあれば，他人のことであっても自分のこととして受け入れる」ことを言うのに用いられます。ですから，**If the shoe fits, wear it.** は，「（批判・非難に）思い当たる節があるなら自分のことだと思いなさい」ということを言い表すのに使われます。一般的に，北米では If the shoe fits, wear it. が用いられていますが，一方，英国では，If the cap fits, wear it. のように the shoe ではなく cap が用いられています。もう一例追加しておきましょう。A: Are you saying that I'm an idler? (私のことを怠け者だと言ってるの？) B: If the shoe fits, wear it. (思い当たる節があるならそう思えばいいんじゃない)

私の先生はいつも「いくつになっても学ぶことができる」が口癖です。
My teacher always says, "You're never too old to (　　　)."
　　　(a) study　(b) learn　(c) research　(d) investigate

My teacher always says, "You're never too old to learn." 解答：(b)

You're never too old to learn. は「学ぶのに年を取り過ぎていることはない」，つまり「いくら年をとってもいつでも何か新しいことを学ぶことができる」ということを述べていることわざです。もう一例このことわざを含む例文をあげておきましょう。I think the saying "you're never too old to learn." is true. My grandfather went back to school and began to learn a new language at the age of 78. (「学ぶのに年を取り過ぎているということはない」ということわざは本当だと思います。私の祖父は78歳で学校に戻り新しいことばを学び始めたのです)

あとがき

　ここまでいろいろな表現を見てきましたが，基本語を用いて実に多くのことを表現できることが分かったと思います。第1章では，基本的な動詞と名詞を使った様々な表現を確認し，第2章では，基本的な形容詞，副詞，前置詞，及び無生物主語構文について観察を行い，第3章では，様々な慣用表現，ことわざを見てきましたが，本書で扱ったこれらの表現は，英語という「大海」に見られるごく一部を構成しているに過ぎないということは言うまでもありません。

　本書では，ほとんど扱うことができなかったのですが，「句動詞」も英語学習において，実際，極めて重要であると思われます。いわゆる，基本動詞と前置詞あるいは副詞との組み合わせである句動詞は，英語を学ぶ上で非常に重要な項目であることは間違いありません。句動詞の難しいところは，動詞の意味と前置詞や副詞の意味を押さえていてもすべての句動詞表現をカバーすることができないところにあります。つまり，一般的な慣用表現と同様に句動詞自体が「慣用表現化」しているものが数多く見られるということです。

　いわゆる基本動詞と不変化詞（前置詞・副詞）の例として，come by, cut down on, do for, fall through, get in with, give off, go in for, put off, put through, hold out on, keep on at, lay into, look around, make up for, pick up with, put out, run up against, set out, take away from, turn away from, work through, etc. をあげることができます。これらは，もちろん，基本動詞と不変化詞の組み合わせのほんの一例に過ぎず，実際，頻度の高い組み合わせについては十分注意を払って習得する努力が必要であると思われます。

　さらに，基本動詞ではなく一般動詞と不変化詞の組み合わせも多く見られるのが英語の特徴であり，そのような表現にも目配りが必要です。例えば，beef up, boil down to, butter up, fall through, hang out, iron out, measure up to, pass on, rule out, wind up, zero in on などのタイプの句動詞も要チェックでしょう。句動詞に関しては，紙幅の関係上本書ではほとんど扱うことができませんでしたが，いずれにしても，句動詞に関する学習も極めて重要であることを強調しておきたいと思います。

　どのような技術や知識でもそれを習得しようとすれば，それ相応のたゆまぬ努力の継続が必要です。英語学習に関してもしかりです。Rome was not built in a day. のことわざが説くように，やはりこつこつと学習を継続させ，英語に関する知識を積み上げていくという地道な努力が最終的に実を結ぶことにつながると言えるでしょう。

　最後に，本書の出版を快諾してくださった開拓社に感謝するとともに，本書製作の全工程において出版部の川田賢氏のご尽力に対してお礼申し上げます。川田氏のご助言，ご配慮がなければ本書は日の目を見ることはなかったでしょう。記して氏に対して重ねて感謝申し上げたく思います。

主要参考文献

『エースクラウン英和辞典』2012. 三省堂.

『アドバンスト・フェイバリット英和辞典』2002. 東京書籍.

『アンカーコズミカ英和辞典』2008. 学習研究社.

Cambridge International Dictionary of Idioms. 1999. Cambridge University Press.

『ジーニアス英和大辞典』2001. 大修館書店.

『ジーニアス英和辞典』第4版. 2006. 大修館書店.

『口語英語大辞典』1994. 朝日出版社.

『ライトハウス英和辞典』第6版. 2012. 研究社.

Longman Dictionary of Contemporary English. 5th ed. 2009. Pearson Education Ltd.

Longman Essential Activator. 2nd ed. 2006. Pearson Education Ltd.

NTC's American Idioms Dictionary. 3rd ed. 2000. NTC Publishing Group.

『オーレックス英和辞典』2008. 旺文社.

Oxford Advanced Learner's Dictionary of Current English. 8th ed. 2010. Oxford University Press.

Oxford Business English Dictionary for Learners of English. 2005. Oxford University Press.

Oxford Learner's Thesaurus: A Dictionary of Synonyms. 2008. Oxford University Press.

『ルミナス英和辞典』第2版. 2005. 研究社.

『新英和中辞典』第7版. 2012. 研究社.

『スーパー・アンカー英和辞典』第4版. 2011. 学研教育出版.

『ユースプログレッシブ英和辞典』2004. 小学館.

『ウィズダム英和辞典』第3版. 2013. 三省堂.

索　引

アルファベット順に並べ，数字はページ数を示す。

著者紹介

友繁　義典（ともしげ　よしのり）

関西学院大学大学院文学研究科博士後期課程単位取得修了。米国カリフォルニア州立大学バークレー校言語学科に客員研究員として留学。現在，兵庫県立大学教授。専門は英語学。学部において，英語及び言語関係科目，また，大学院において英語の意味論・語用論に関する科目を担当。

著書：『ユースプログレッシブ英和辞典』（共著，小学館，2004 年），『英語語法文法研究の新展開』（共著，英宝社，2005 年），『ネイティブの発想を知る　英語イディオム 222』（共著，三修社，2006 年，CD 付き改訂版 2010 年），『入門講座　英語の意味とニュアンス』（共著，大修館書店，2008 年），『ネイティブ表現養成講座』（単著，南雲堂，2011 年），『ネイティブ感覚に近づく英語のニュアンス』（単著，開拓社，2011 年），『英語動詞の分類と分析　意味論・語用論によるアプローチ』（共著，松柏社，2015 年），『英語の意味を極める I ——名詞・形容詞・副詞編』『英語の意味を極める II ——動詞・前置詞編』（以上，単著，開拓社，2016 年），など。

問題を解きながら学ぶ
基本英単語の語法　　　　　　　　　　　　〈一歩進める
　　　　　　　　　　　　　　　　　　　　英語学習・研究ブックス〉

2020 年 7 月 26 日　　第 1 版第 1 刷発行©

　　著作者　　友 繁 義 典
　　発行者　　武 村 哲 司
　　印刷所　　日之出印刷株式会社

　　　　　　　　　　　　　　　　　　　〒113-0023 東京都文京区向丘 1-5-2
　　　　　　　　　　　　　　　　　　　電話　（03）5842-8900（代表）
　　発行所　　株式会社　開 拓 社　　振替　00160-8-39587
　　　　　　　　　　　　　　　　　　　http://www.kaitakusha.co.jp

　　　　　　　　　　　　　　　　　　　ISBN978-4-7589-1211-2　C0382